백년의 촛불

3·1 백주년 시집 편집위원회 편집위원

권위상 김광철 김자현 김창규
류경희 박몽구 전비담 조미희

백년의 촛불

3·1 백주년 100인 시집

3·1 백주년 시집 편집위원회 편

시와문화

■책머리에

시로써 열어가는 민주의 새벽

1919년 삼천리를 불같이 가득 채운 3 · 1운동의 외침은 일제의 폭압적인 식민지 지배에 대한 민족의 저항으로 일어났다. 이는 일제의 강압적인 식민 통치를 거부하는 해방과 함께 우리 민족의 자주 민주 정신을 일깨우고자 한 데서 비롯되었다. 여기에서 비롯되어 국내는 물론 만주 등 해외에서 무장 독립운동이 들불처럼 일어났고, 주시경 주도의 조선어학회를 중심으로 우리말 되찾기 운동이 벌어지고 각종 문예지 발간이 속속 이루어지는 등 우리 민족의 얼을 되찾으려는 몸부림이 크게 일어났다.

3 · 1운동은 지식인과 학생뿐 아니라 노동자, 농민, 상공인 등 각계각층의 민중들이 폭넓게 참여한 최대 규모의 항일운동으로 독립운동사에서 커다란 분수령을 이루었다. 그것은 나라 안팎에 민족의 독립 의지와 저력을 보여주었을 뿐 아니라, 독립운동의 대중적 기반을 넓혀 체계화 · 조직화 · 활성화하는 계기가 되었다. 민중들은 3 · 1운동에 참여하면서 민족의식과 정치의식을 높일 수 있었으며, 이는 1920년대에 다양한 사회운동과 조직이 성장할 수 있는 기반이 되었다.

또한 1919년 봄의 민중 혁명을 계기로 왕정을 폐지하고 국민 누구나 평등한 권리를 갖고 정치에 참여하는 민주 공화정이 본격적으로 도입되었다. 공화제를 기반으로 한 상해임시정부의 출범은 그것을 우리에게 잘 보여주고 있다. 여러 논란에도 불구하고 대한민국 건국의 출발점을 헌법 전문에서도 상해 임시정부로 명시하고 있는 것은 이 같은 공화제의 정신을 계승한 데서 비롯된 것이다. 이는 헌법 전문에서도 대한민국 건국의 출발점을 상해 임시정부로 명시하고 있는 근거이며, 최근 불거지고 있는 이른바 건국절 논란을 불식시켜야 하는 이유이기도 하다.

한국 근현대사상 이같이 중차대한 의의를 가진 3 · 1운동이 벌어진 지 올해로 100주년을 맞는다. 다시 한번 일제의 야만적이고 폭압적인 식민 지배에 맞서서 일신의 안녕을 돌보지 않은 채 온몸으로 맞서 싸웠던 선열들의 숭고한 정신을 되새겨야 할 것이다. 나아가 국민 누구나 평등하게 참여하는 민주주의 정신이 훼손되지 않고, 더욱 크게 꽃피울 수 있도록 힘을 모아야 할 것이다. 유신 정권을 방불케 하는 박근혜 정권의 반역사적 독재를 온몸으로 뿌리치고 민주주의를 회복하고자 온 국민이 불같이 뜨겁게 일어선 횃불혁명의 결실로 탄생된 민주 정부 아래서 맞는 3 · 1운동 100주년의 의미는 더욱 각별하다. 오늘의 시점에서 3 · 1운동의 의의를 되돌아봄은 물론, 일본군 성노예 문제 및 여전히 우리 사회의 곳곳에 뿌리 깊게 남아 있는 일제 잔재를 뿌리 뽑아야 한다는 각성이 크게 일고 있는 것도 이 같은 흐름의 연장선상에 있다 할 것이다.

개인의 정서 순화를 넘어 국민정신의 고양을 책임지고 있는 우리 시인들은 이 같은 흐름에 주목하면서, 3 · 1운동의 정신을 되짚어봄은 물론 오늘 우리가 선 자리를 냉정하게 돌아보고, 나아가 밝은 미래를 여는 데 능동적으로 대처해야 할 필요성을 절감하고 있다. 그 같은 문제의식에서 우리는 시로써 3 · 1정신을 되돌아봄은 물론, 아직도 지속되고 있는 식민 잔재 청산 문제를 냉철하게 돌아보고 나아가 민주주의를 더욱 공고하게 하려면 어떠해야 하는지를 시의 그릇으로 담아내고자 하였다.

이번 시집을 기획하면서 우리는 3 · 1정신에 입각하여 치우침이 없이 참여 시인들의 시각을 두루 반영하고자 했다. 순수 서정시인에서부터 민족의 현실을 진단하고 밝은 미래를 견인하는 민족민중시 계열의 시인들은 물론, 분단과 노사 갈등의 현실을 온몸으로 아파하는 시인들에 이르기까지 다양한 시각을 가진 시인들이 한자리에 모였다. 전체적인 공감대가 있다면 아직까지도 우리 사회의 근간을 흔드는 적폐의 뿌리에 도사린 식민 잔재를 청산하고 민족자존과 참다운 민주주의를 회복해야 한다는 시각을 공유하고 있다는 점일 것이다. 우리는 이번 시집을 통하여 3·1운동 100주년에 즈음한 오늘의 현실을 냉철하게 진단하는 데서 나아가 오랜 분단의 장벽이 허물어지고, 노사의 갈등, 지역 차별 등으로 갈라진 현실이 해소되는 데까지 성큼 한 걸음 내딛기를 바란다.

그 같은 대동 세상을 여는 데 이 땅의 시인들이 기꺼이 앞장서고 있음을 이 시집은 보여주고 있다고 자부한다. 끝으로 어려운 여건과 짧은 준비 기간에도 불구하고 이번 시집에 기고해 주신 여러 시인들에게 감사드리며, 이 같은 공감대가 더욱 확산되어 시인들이 이 땅의 밝은 미래를 여는 데 단단한 초석이 될 것을 다짐한다.

3·1 백주년 시집 편집위원회

|차　례|

제2부 삼천리에 퍼진 함성

제3부 아직도 가시지 않은 아픔

제4부 상처 딛고 새 아침으로

제1부

해방, 그날을 향해

초목에 부쳐 외 1편

김 명 수

쓸쓸하여라
그대, 어디메서 태어나
어찌 살았더냐
그대 삶터 어느 곳이고
그대 아닌 나는 또
무얼 하고 살았더냐
어제가 가고
오늘이 와도
짐차에 실려가는 짐들처럼
아는 이름 망각되는 섬망처럼
자문자답하였던가
아득한 나날
변한 것은 무엇이고
변하지 않는 것은 대체 무엇인가
올해도 새봄 되어
초목은 피어
기다려 보았던가
우리의 숨터
꿈꾸어 보았던가
아름다운 나날
자본의 마천루는 저리 높아도

그 그늘에 억눌린 빈혈의 얼굴
저 높은 마천루가 발전이라면
노동의 존귀함은 당신들 구호
생명을 포기하는 인간의 비극
무얼 하고 살았더냐
어찌 살았더냐
반성은 실천을 외면하고
소망은 절망을 동반하여도
새봄 되면 피어나는 초목들 새잎
피폐한 산천에도 새잎이 피어
눈시울에 맺히는 아지랑이 이슬
내 가슴에 피어나는 먼 날의 희망

균역 4대

부모
형제
자식
손자
이름하여 4대인데
4대라면 어언 백년
모진 세월 한 세기
부모님 간악한 일제 강점기
징용과 학병으로 끌려가셨고

-그 고난 그 고통을 어찌 다시
되새기리-
나와 우리 형제, 다섯 형제들
그리고 대를 바꿔 아들과 조카
현역복무 저마다 만 3년
또 몇 년
이어지는 예비군
민방위 십수여 년
이 봄 맞아 새내기
대학생 된 열아홉 살
앳된 손자 신검통지
또 받았으니
아하,
4대 가족 끝없는
군역의 세월
당신의 가족 또한 다를 바 없어
당신의 가족 또한 이와 같으리
이 땅에 목숨받아 살아가는 우리
거부할 수 없는 암울한 나날
간악한 일제 식민통치 후
외세의 야욕으로 분단된 조국
남북 겨레 총부리 마주 잡으니
통탄하여라 우리
안타까워라 이 땅
민족 자주 통일의 길 아득히 멀어
평화의 새날은 멀고도 멀어
누가 말했는가
외쳐댔는가

병역은 신성한 의무였다고
우리의 병역은 억압의 나날
전쟁은 전쟁을 원하는 자가
스스로 일으키는 잔혹한 범죄
민초들 그 범죄에 동원되어
피 흘리고 희생되는 도구가 되어
간구하나니
우리의 수난으로 간구하나니
우리의 고통으로 간구하나니
남북 겨레 손잡고
세계의 민중들과 거부하리니
생명이 생명을 빼앗는 전쟁
살육과 방화와 잿더미의 전쟁
우리의 강토에서 거부하나니
남북 형제 손잡고
함께 손잡고
병역이 거부되는 세상을 향해
전쟁은 가고 영원히 가고
밝아오는 새 봄을 간구하나니
아름다운 평화여 찾아오거라
눈부신 평화는 찾아오거라
새봄처럼 햇살처럼 찾아오거라

김명수 1977년 서울신문 신춘문예 시 당선 등단. 시집 『월식』, 『하급반교과서』, 『침엽수지대』, 『곡옥』, 『언제나 다가서는 질문같이』 등 간행. 신동엽문학상, 만해문학상 등 수상.

서대문 형무소 외 1편

김 삼 환

안산 둘레길을 걸어서 한 바퀴 돌다가
내려오기 직전 아래를 내려다보면
서대문형무소 자리가 한눈에 들어온다
그 곳에 서서 잠시 숨을 고르는 사이
아내는 내게 항상 같은 질문을 던진다
"적어도 문인이라면
언행이 일치되는 삶을
살아야 하지 않겠느냐"
그 한마디는 나를 늘 부끄럽게 한다
굳이 역사 기록을 들추어보지 않더라도
서대문형무소가 어떤 곳인지는
익히 알고 있지만
'미와 와사부로(三輪和三郎)'
일본인 고등계 형사의 이름을
내가 기억하려고 애쓰는 것은
그 놈 앞에서 치욕을 당해야 했던
독립투사들의 모습이 스쳐가기 때문이고
식민지시대에 살았던 저명한 문인들에 대해
그들이 남긴 빼어난 문학 작품과
그들이 행한 친일의 행적은
구분하여 평가하자고 외치는 사람들의
쉰내가 진동하는 목소리를 생각하기 때문이다

밑줄을 그으며

“이런 거짓말들이 고쳐져야만
민족의 혼이 바로 선다.
혼이 없는 사람이 시체이듯이,
혼이 없는 민족도 죽은 민족이다.
역사는 꾸며서도
과장해서도 안 되며
진실만을 밝혀서
혼의 양식으로 삼아야 한다.”
–임종국,『실록 친일파』, 서문 중에서

옷매무새를 가다듬고 이 책을 읽었다.
냉수 한 그릇을 옆에 놓고 읽기도 하고
간혹 한숨과 탄식을 내뱉으며 읽었다.
오래 전에 읽었는데
다시 읽었고
그어놓은 밑줄에 또 밑줄을 그어가며
읽었다.

김삼환 1992년《한국시조》신인상으로 등단. 시집『묵언의 힘』외 다수. 제15회 한국시조작품상, 제37회 중앙시조대상 수상.

심우장에 올라
–萬海 선사를 그리며

김 용 락

소슬한 가을볕 아래
성북동 산비알 심우장을 오른 것은
서울에 와서
내가 가장 잘 한 일

북향으로 돌아앉은 처마 아래 마루에 걸터
멀리 도심 변두리 가옥의 지붕이나
아파트 모서리를 바라보며
인생의 총체적 간난을 생각하는 것도 소소한 재미

그러나 총독부를 등지고
세속의 명리를 등지고
님을 찾아 방황하고 고투한 이의 목소리를
가만히 귀 기울여 듣는 것

그 속에서 높이 날고 멀리 바라보고
끝내 가 닿을 수 없는 한계를 인식하고도
피 흘려 싸우는 정신의 고매함을 느끼는 것
그 아름다움을!

헌사(獻詞)

대중가수 최백호 씨

누군가 보내준 유튜브에
최백호가 '봄날은 간다' 를 부른다
내가 이제껏 지상에서 본 것 중
최고의 절창이다
황홀하다
폐부를 찌르고
애간장이 녹는다는 표현의 의미를 실감한다

나는 그렇게 인생의 깊이가 어린 얼굴을
여태껏 본 적이 없다
몇 십 번을 되돌려 노래를 감상하다가
뒤늦게 그의 왼쪽 가슴에 꽂힌
노란 세월호 표식을 보고
나는 벼락에 맞은 것처럼 심장이 멎었다

지상 최고의 헌사였다

김용락 1984년 창비 신작시집 『마침내 시인이여』로 등단. 시집 『기차 소리를 듣고 싶다』, 『산수유나무』, 평론집 『문학과 정치』 등 다수. 현재 한국국제문화교류진흥원 원장.

3월 1일에서 하나 됨(不二)의 나라로!!

김 준 태

조선총독부 비밀지령 제1호
"지배하려면 분열, 분열시켜라"
한반도는 그렇게 하여 35년간
일본제국주의 식민지가 되었다

조선총독부 비밀지령 제1호
"지배하려면 분열, 분열시켜라"
한반도는 그렇게 하여 같은 혈육
민족끼리 서로 잡아먹도록 했다

조선총독부 비밀지령 제1호
"지배하려면 분열, 분열시켜라"
한반도는 그렇게 하여 1945년
반쪽 해방, 1950년 전쟁이 터졌다

조선총독부 비밀지령 제1호
"지배하려면 분열, 분열시켜라"
한반도는 그렇게 하여 남과 북
700만 명의 목숨을 땅에 바쳤다

조선총독부 비밀지령 제1호

"지배하려면 분열, 분열시켜라"
한반도는 그렇게 하여 분단 74년
南北으로, 南南끼리도 찢어졌다

조선총독부 비밀지령 제1호
"지배하려면 분열, 분열시켜라"
남북은 혀와 말(로고스)이 달라지고
단맛쓴맛신맛짠맛매운맛도 달라졌다

백두에서 한라까지 향그런 흙, 대지여
3월 1일 그날의 제비 떼들이 날아온다
두 쪽이 아닌 하나, 불이(不二)의 나라로
한반도에 울려 퍼지는 저 노랫소리 들어라

"오등(吾等)은 자(玆)에 아 조선의 독립국임과
조선인의 자주민임을 선언하노라 차(此)로써
세계만방에 고(告)하야 인류평등의 대의(大義)를
극명(克明)하며, 차(此)로써 자손만대(子孫萬代)에
誥(고)하야 민족자존(民族自存)의 정권(政權)을
영유(永有)케 하노라"*

3월 1일에서 하나 됨(不二)**의 나라로!!
3월 1일에서 하나 됨(不二)의 나라로!!
3월 1일에서 하나 됨(不二)의 나라로!!
3월 1일에서 하나 됨(不二)의 나라로!!

백두에서 한라까지 향그런 흙, 대지여
3월 1일 그날의 제비 떼들이 날아온다

평화의 한반도 불이, 하나 됨의 나라로
민족 자존의 세계로 달려가는 코리아!!

"아 그리하여 우리들 한반도의 남과 북!
보라 새 생명의 시대가 저러이 오고 있다
하늘과 땅… 세상의 모든 수레바퀴와 사랑,
평화와 하나 됨은 둥글게 굴러가고 있느니!"

대한독립 만세! 한반도 둥그런 평화통일 만세!
Peace Unification Process Period Manse!
동서남북 코리아 만세 동서남북 코리아 만세!
3월 1일 방금 태어난 '봄아가들'***도 일어나 만세!!

* '독립선언문' 시작 대목에서 모셔온 말
**불이(不二) : 불경(佛經)에서 모셔온 말씀
***봄아가들 : 복합명사로 'Spring Child'

김준태 1969년 전남일보 · 전남매일 신춘문예 당선, 월간 《시인》지로 등단. 《문예중앙》에 중편 「오르페우스는 죽지 않았다」 당선. 시집으로 『참깨를 털면서』, 『국밥과 희망』, 『쌍둥이 할아버지의 노래』 등 17권 상재. 산문집 『백두산아 훨훨 날아라』 등 있음.

삼일절 신새벽 태극기를 달며 외 1편

김 태 수

흐린 삼일절 신새벽
애국가 입 속 가득 우물거리며 태극기를 단다
생각났을 때 해야지 속옷차림이다
얕은 어둠 마당을 떠날 채비고

베트남전 참호 속 동틀 무렵
멀리서 국기게양식 나팔소리 눈물 글썽이던
푸른 시절 한 때의 기분이다
출근길 학교 들어서며 가슴 위에 잠시 손 얹던
만년(晩年)의 기분이다 그러나
찬물 한 사발 거실에서 벌컥벌컥 들이키면
뱃속에서 비비꼬이는 냉기
신파조의 이 기분 참 더럽다

1919년 그 해 삼월 지천에 태극기 흩날렸다
태극기들 결국 공동묘지로 갔다
조센징 토벌에 미친 일본 만주군
나는 목숨을 바쳐 사쿠라와 같이 훌륭하게 죽겠습니다
용맹한 선봉대장 그 형님 이름 다까끼 마사오
친일군관(親日軍官)들 많이 묻혔다는 오늘 아침 뉴스
화면 가득한 저 국립묘지

성은(聖恩)은 영원하다 '덴노 헤이까 반사이'
자랑스러운 작위(爵位) 아직 튼튼한
내선일체 참 좋은 내 나라가

그래서 아프다 희뿌옇게 동터오는 삼일절 신새벽
애국가 나직이 읊조리며
산골 내 집 내 처마 밑
내 조국의 국기 정말 달아야하나 철면피하다

*다까끼 마사오 : 박정희의 일본 이름, 손가락을 잘라서 일본에 견마(犬馬)의 충성을 다하겠다는 혈서를 써서 일본 육사에 입학

*덴노 헤이까 반사이 : 천황 폐하 만세

*2014년 3월 1일 아침 뉴스는 애국지사와 함께 많은 친일 부역자들이 국립묘지에 묻혀 있다고 전했다. 매년 되풀이되고 있는 이 보도에도 내 조국 정부는 관심 밖이다.

*內鮮一體 : 1937년 일제(日帝)가 전쟁 협력 강요를 위해 취한 조선통치정책. 일본과 조선은 한 몸이라는 뜻이다.

죽어서도 내 집에 가지 못하는 나라

외할머니 옛집에 가지 못하고 있다 어머니
친정에 가지 못하고 있다 아버지
오래 홀로이신 장인어른 뵈러 처가에 가지 못하고 있다

자강도 희천시거나 그 곁 동신군이면 어때

죽어서도 집에 들지 못한
중음신(中陰身)이다 철조망에 온 몸이 긁힌 채
수 천 날, 황천(黃泉) 이 쪽 휴전선 애꿎게 떠돌고 있다
엊저녁 꿈엔
남북군대가 전사자(戰死者)를 캐내기 위해
비무장지대에 뚫은 개구멍 작은 오솔길 그 길 따라
북쪽으로 몇 발짝 떼시는 걸 보았다 가여운 분들

어제 출생신고를 한 손으로 오늘
사망신고를 한다 삶과 죽음도 이처럼 가까운데
도대체 통일의 시간은?
그 시간은 누가 죽였나 이런 어처구니들의 세상
태극기 짓밟으며 발광하는
꼴통 영감님들 네게 묻는다
외할머니 왜 옛집에 가지 못하고 있느냐고
어머니 왜 친정엘 가지 못하고 있느냐고
아버지 왜 처가에 가지 못하고 있느냐고

경의선 평양에서 만포선 바꾸어 타고
중강진 쪽으로 더디 오르다 보면
자강도 희천시도 동신군도 있다 적유령 그 계곡이거나
산등성이거나 고갯마루거나
밥 때 되면 생솔가지 찍찍 타는 하얀 연기 오르고
외가 옆으로 흐르는 청천강 물살은 급한데
더 빠른 세월 다 간다 안타까이
휴전선을 끼고 더디 흐르는 저 임진강 둔덕에
넋을 놓으면 얼어붙어 찡찡대는
강물이여 한물간 칠순의 외손자 더 목메어 묻노니

평안도거나 자강도거나 내 외가 쪽으로
한 걸음도 더 갈 수 없는 이 나라가 과연 나라인가고

나라인가고?
빌어먹을, 이런 꼴통들의 나라가 과연 나라인가고

김태수 1978년 시집 『북소리』로 활동 시작. 『농아 일기』, 『베트남, 내가 두고 온 나라』, 『황토마당의 집』이 있다. 울산작가회의 회장, 한국작가회의 자문위원 역임.

우는 피 외 1편

나 해 철

삼일절을 앞두고
손가락을 바늘 끝에 밀어 넣어
맺힌 피를 본다
방울방울 돋아나는
붉은 핏방울 속의 DNA에서
삼일 만세 소리가 들린다
피 안에
안중근과 나석주가 있다
유관순 열사가 있다
100년 동안의 쓰라림을
견디며
민족독립 만세를 부르고 있다
친일 반민족 도당을 밀어내고
자한당과 조중동을
치워버리라고
100년 동안 멈추지 못하는 눈물을 흘리고 있다
외세에 의한 분단을 끝내라고
서푼짜리 권력놀음일 뿐인
이데올로기 대신 그 자리에
한민족
한가족 한겨레를 세우라고

피가 외치고
피가 울고 있다
피가 울고 심장이 울고
심장이 울고 영혼이 울고 있다
피는 나의 것만이 아니다
나의 피는
삼일혁명과
분단과 오일팔과 사일육의 것이기도 하다
나는 나의 피를 모르는 체할 수 없고
나는 결코 나의 피를 배반할 수 없다
나의 피가 붉게 빛나는 동안에는

간절한 부탁
–촛불 정부에게

촛불은 아직도 타오르고 있다
촛대를 잡고 있는
두 손들이
기도의 자세를 풀지 않고 있다

모여들어
백만을 이루고 천만을 이루었던
불꽃들이
아직도 대낮처럼 밝히고 있다

거짓을 환히 비추고 있고
적폐들을 선명하게 드러나게
하고 있다

촛불이 세운
새로운 국가 조직이여
촛불 정부여
천만 만만 촛불들이 지켜보고 있다
당장 지금
거짓들을 벌하고
적폐를 청산하라

촛불의 기도를
배반하지 말라
사즉생의 길을 가라

(1. 제도권 적폐 세력을 도태시켜라.- 이명박 박근혜 체제를 세우고, 함께 나라를 망친 정당과 국회의원들을 무슨 수를 써서라도 청산해라.

2. 지난 체제에 부역한, 권력기관들을 청산시키고, 진정 국민과 민주주의를 위한 조직으로 재탄생시켜라.- 검, 경, 안기부, 기무사. 양승태 휘하 법비들 등등

3. 이명박 박근혜 체제에 동조, 기생하고. 국민을 호도한 언론에 합당한 제재를 가하라.- 조중동을 폐간시키고, 새로운 정론지로 거듭나게 하라. 정치와 인문 등에 수준 미달인 지상파도 없애라.

4. 지난 10년 정권에 야합한 지식인들에게 페널티를 줘라-4대강 찬성자, 이명박 외국자원 투자에 부화뇌동한 자. 박근혜 창조경제를 무조건 미화한 자 등등에게 현재의 소견을 공개적으로 밝히게 하라.

5. 현재 굴뚝 위의 노동자들, 사측에 의해 고통 받고 있는 쌍차, 세월호 규명, 처벌 등등을 즉각 해결하라

6. 재벌, 과다 부동산 소유자들에게 공평한 세금을 부과하라. 족벌경영을 타파시키라)

사즉생의 길을 가라
촛불의 간절한 기원을 생각하라
촛불이 불타고 있다는 것은
촛불의 계엄령이 아직 유지되고 있다는 것이다
촛불의 헌법이 눈 시퍼렇게 뜨고 있다는 것이고
권력의 주인인 국민이
살아있는 권력을 행사하고 있다는 말이다
사즉생이다
촛불도 몸을 불사르면서 산다
몸을 죽이는 것이 사는 것이고,
죽어야 산다
찬란히 빛나면서 어둠을 이긴다

(부자 재벌들과 관료들이 복지부동, 유야무야로, 시간만 가라고 태업을 해서, 경제가 나빠져도, 그렇게 일시적으로 가난해져도 우리는 서로 돕고 살 수 있다. 적폐만 일소시킬 수 있다면, 즐겁게 가난해질 수 있다.)

나해철 1982년 동아일보 신춘문예로 등단. 시집 『무등에 올라』, 『동해일기』, 『꽃길 삼만리』, 『영원한 죄 영원한 슬픔』 등 있음. '5월시' 동인. 한국작가회의, 민족작가연합 회원.

한반도 외 1편

류 경 희

피가 눈물처럼 흐르는 집에 한 남자가 앉아 있다
우리 중 한 사람에게 일어난 일은 우리 모두에게 일어난 일
그는 1,000명을 죽이고 모르는 일이라고 한다
우리 조심해야 해요 그들이 자신들의 거짓말을 가지고 돌아올지 몰라요
다 지워져라 외세가 아무렇게나 그어놓은 선들
이제 우리 그림을 그릴 테니 훈수도 두지 말라
당신들이 당신들 언어로 적어 놓은 알 수 없는 이정표들도 뽑아라

C-5-6 골절이다 스무 살의 피 위에 꽃이 하나 피었다.
광물성의 고요가 가득하다
모든 굴레를 버리고 원시의 숲으로 돌아가고 있는 곳에
다리 잘린 사슴 하나 날개 찢긴 독수리 하나 녹슬고 있는 비석 하나
민들레 꽃씨 하나 DMZ를 넘어
북위 39도 동경 125도 금강산 자락에 꽃을 피웠다.
초록이 가장 짙은 곳에 스무 살의 그가 잠들어있네

역사

나는 무로 돌아간 사람을 사랑하네
나는 무로 돌아간 사람에게 고요로 편지를 쓰고
눈으로 옷을 해 입히네
그가 꽃으로 보낸 답장을 받네
내 겨울이 잠시 빛나네
라벤더에게 향을 훔치고
복숭아로 뺨을 만들고
머리카락 색깔은 어둠에서 가져왔어
아무리 조각을 맞추어도
그는 만들어지지 않네
오늘밤은 고대의 비가 내리고
나의 울음은 계속되고

마리오네트가 주사위를 던지는
시라는 숲속을 걷고 있네
나는 무로 돌아간 사람을 사랑하네
그는 내가 꾸는 꿈이네
그는 1세기 전에는 나였네
난 눈이 된 사람을 사랑하네
난 비가 된 사람을 사랑하네
나는 역사가 된 사람을 사랑하네
그는 나의 유일한 남자라네
나는 무로 돌아간 사람을 사랑하네

모든 것은 백지에서 다시 시작된다네
우리는 백지를 한 장씩 받았다네
무엇이든 그릴 수 있는 백지를
피로 얼룩진 백지를
햇빛이 말린 백지를
1세기 만에

류경희 2004년 《시와세계》로 등단. 시집 『내가 침묵이었을 때』, 영시집 『ink garden』 있음.

회인에서 외 1편
–오장환 시 「성벽」에 대한 오마주

박 관 서

슬프게도 지금은 월북할 나라도 없어
옛날 아비들이 멍든 발과 무릎으로 넘었다는
피반령 고개를 넘어 괴목을 지나
오장환 시인의 생가에 스며들었다
옥빛 하늘보다 고운 마을이름 회인을 새김하며
지금은 '뜨거운 물 끼얹고
고춧가루 뿌리던' 이민족보다 독한
동족들도 없어 목욕탕에도 자유로이 가고
가계보는커녕 일기도 쓰지 않는 나날들을
반성하며 흙마당에 글씨를 쓰다가 불쑥
그가 불러냈던 빨치산 시인 유진오를 생각했다
오직 시인으로 살고자 제 살붙이도 모르는
말과 마음만을 뒤적이는 '이끼와 등넝쿨이
서로 엉켜 지저분해진'* 성벽을 향해
속에서 이는 가래침을 뱉었다 슬슬
발로 부비며 묵은 분단의 올무에 걸려 이를
걷어낼 시인이 되려는 시인이 있을 리 없어
시인에게 절 한 자루 올리지 못하고
끈적끈적한 얼굴을 마냥 쓰다듬으며
도망치듯 집으로 돌아왔다 그러고 보니

마을이름이 서정시처럼 쓸쓸해졌다, 회인!

*오장환 시 「성벽」에 나오는 구절을 인용함

가을날의 서정시

추석이 가까워 아침저녁으로 둥실둥실 익어가는 감나무 가지로 깃든 박새가 부리를 씻으며 연신 휘르릉 휘르릉 둘러본다

쑥 향기보다 멀리 헛도깨비보다 빨리

하지만 허공을 맛보듯이 둘러보는 직박구리 박새를 두고 예쁘다고 하지말자 한 줌에 잡히는 세치 혀를 내밀어 날렵하다고 하지말자

영혼은, 늘려서 펴면 능히 56평 아파트를 덮고도 남을 살갗에서 나오고

슬픔은, 이럴 바엔 함께 죽자면서 목을 매는 어미가 펴놓은 번개탄 내음에 젖어 대리석 조각이 된 아이들의 형상을 버티는 3,650개의 뼈에서 나오나니

내 살갗이 네 살갗이 되지 못하고 내 뼈가 네 뼈가 되지 못하는, 말로

몸피를 줄이기 위해 몸피를 늘리고 뼈를 깎기 위해 뼈를 키우며 그저 예

빼지기 위해 노래하는 그런 서정의 노래로 가을날의 하늘을 더럽히지 마라고

몸을 활짝 열어놓은 홍시의 육혈로 입술을 적신 직박구리 박새가 직언을 한다 단숨에, 내 얼굴을 뭉개버린다

박관서 1996년 계간 《삶 사회 그리고 문학》 등단. 제7회 윤상원문학상 수상. 시집 『철도원 일기』, 『기차 아래 사랑법』 있음. 광주전남작가회의 회장 역임.

3·1의 세상 외 1편

박 두 규

3 즉 1이고 1 즉 3이라 하니
우리는 태어날 적부터 한울님이며
이미 너와 나의 머릿골 속에는
청정의 고요 속에서 움트는
씨알 하나가 심어져 있다는 것이다.
그 신령스런 것들이
망령스런 짓들을 일삼는 것은
제가 저를 얕잡은 것이고
제가 저를 알아보지 못하는 것이고
스스로를 모실 줄 모르는 까닭이다.
이러고서는 백년을 삼세번 넘긴다 해도
끝내 스스로를 알아볼 까닭이 없다.
스스로를 모르는 것이 망령이고
스스로를 알아보는 것이 신령이니
이 세상은 온통 망령들이 휘젓고 다니는 곳이라
언제나 3 · 1의 세상이 다시 올 것인가.
한때 모두가 한 마음으로 모여
세월을 뒤집는 촛불을 켜고 3 · 1을 이루었다 하나
그것은 3 · 1의 시작이었을 뿐이다.
인간사 밤이야 매일 오는 것이니
촛불 또한 우리 가슴에 늘 켜놓아야 하는 것이다.

그것이 3·1이다.
이처럼 스스로를 환하게 밝히는 것이 3·1이다.
매일매일 신명나는 것이 3·1이고
그렇게 스스로를 모실 줄 알아야 3·1이다.

류관순

누님, 나보다 한참 어린 나이를 살고 갔지만, 한 세상을 먼저 만났으니 누님이라고 부르겠소. 한겨울 꽁꽁 얼은 물속을 유영하던 투명한 빙어 한 마리 낚여 올라온 것처럼 내가 그렇게 낚여 얼음 위에 내동댕이쳐지는, 누님을 생각하면 괜스레 이런 상상이 스쳐가곤 하는데 내 아직도 그 이유를 모르겠소. 누님을 떠올리면 늘 흰 무명저고리에 검정치마를 입고 만세 부르는 모습인데 우리는 요즘 만세 부를 일이 없다오. 무슨 좋은 일이 있어야 만세를 부르지. 뭐, 누님도 독립 안 된 조국을 지금부터 독립이라고 순전히 긍정적으로 밀어붙이며 만세를 부른 것이지만 그래도 기쁘기는 기뻤을 것이오. 그 순간만이라도 정말 독립된 것처럼 기뻤을 것이오. 만세, 만세를 부르며 저절로 눈물이 났을 것이오. 아, 누님 우리도 그러고 싶소. 무엇이 안 되었어도 되었다고 밀어붙이며 기쁨의 눈물 펑펑 흘려보고 싶소. 그런데, 그런데 우리는 그런 생각도 안 하고 사요. 제 손해 보는 거, 아니면 제 이익을 위한 거, 그런 거 때문이라면 슈퍼맨 같은 힘들을 내지만 그런 거 아니면 아니라오. 아, 나 같은 이런 놈들은 얼음 위에 내동댕이쳐도 싸지요.

박두규 1985년 《남민시(南民詩)》 창립 동인으로 시단에 나옴. 시집 『가여운 나를 위로하다』 등 5권, 산문집 『生을 버티게 하는 문장들』 등 2권이 있다.

등 돌린 귀향 외 1편

박 몽 구

성북동 북정마을 가파른 산번지 골목 올라와
만해 한용운이 말년을 보낸 심우장에 선다
향일성의 습성이 몸에 밴 탓일까
하나같이 남쪽으로 자리를 틀어
햇볕 한 줌 줍는 데 골몰한다는데
조선총독부를 등진 북향집은 얼음 도가니이다
문득 길 한쪽 건너
성북동 양짓발에 넓게 자리 편
전형필이 사들인 국보들로 가득한 간송미술관이며
북악산 촘촘한 그늘 아래 엎드린
재벌 일족들의 꼭꼭 문 닫은 저택들을 본다
담벼락마다 울울하게 쳐진 가시철망들
왠지 남의 나라라고 말해주는 것 같다

만해가 매운 채찍과 검은 아가리 크게 벌린 채
감옥을 마다하지 않으며 겨울에 맞서는 동안
겨레붙이 주머니를 털어 번 돈으로
비행기를 사서 일왕에게 바친 것으로도 모자라
영문도 모른 채 책을 빼앗긴 젊은 친구들을
총알받이로 전쟁터로 내몬 사람들이
만해에게 돌린 등

낯선 이방인들의 채찍보다 더 차가웠으리라

논밭마저 일본인 등쌀에 빼앗기고
생의 벼랑에 몰린 할아버지
썩은 동아줄 거머쥐고 현해탄 건너가
나고야 군수공장에서 망치 두드려
가미가제 비행기 날개 접으며 청춘을 짓이겼다
태평양 전쟁 막바지 즈음에는
지하 수십 미터 군함도 막장에서 석탄을 캐며
내일로 열린 창에 차가운 못을 박았다

그렇게 청춘을 송두리째 반납해야 했지만
일본 왕의 항복 방송을 듣자마자
밀린 품삯도 집도 절도 다 버린 채
맨몸으로 귀국선에 몸을 실었다

그렇게 모든 것 던지고 고향으로 돌아왔지만
내 땅에서 만난 겨레붙이들의 차가운 시선
결코 잊히지 않는다고 말했다
패전과 함께 일본으로 쫓겨간
일인들의 집과 땅 공장을 차지한 채
떵떵거리고 살면서 귀환 동포들에게는
일자리 하나 나누지 않고
일본인에게 빼앗긴 땅 돌려달라고 할까봐
쉬쉬하며 땅문서를 숨기고
자기들 마음먹은 대로 적산(敵産) 나눠 가진 채
행여 가진 것 한쪽이라도 빼앗길까봐
차갑게 노려보던 증오의 눈빛

지금도 잊히지 않는단다

사지로 내몰고도 부도난 채권만 떠맡긴
미쓰비시 중공업의 무책임과
자신들을 대신하여 청춘 짓이겨진 채 돌아온
겨레붙이들의 손 뿌리치던 차가움,
그 무게가 다르지 않다며
차마 눈감지 못하던 할아버지에게
북향집 홀로 지키던 만해를 읽는다

변변히 땀 한번 흘리지 않은 채
서둘러 햇살 좋은 땅 차지하고서도
조선총독부와 등 돌린 만해의 삼간 누옥
끝내 한번도 돌아보지 않던
북악산 아래 부자들의 차가운 담을 읽는다
서슬 푸른 총칼, 차가운 감옥에 던져진
겨레붙이들 걱정 헌신짝처럼 팽개친 채
내 앞가림만 잘하면 그만이라며
담 위로 가시철망 해바라기하듯
쑥쑥 올리는 낯선 타인들을 읽는다

말모이, 결코 사라지지 않는

엔딩 크레딧이 올라가고 나서도
한참 동안 자리에서 일어설 수 없었다
영화 속 극장 기도 김판수가
일경의 총알 세례를 받으면서도
끝내 지켜낸 말모이 뭉치 앞에서
흘러넘치는 눈물샘 좀처럼 막을 수 없다
멀쩡한 극장 기도로 소매치기 대장으로
식민지 한복판에서 활개치며 살아온 그가
단 한번 조선의 얼이 담긴 말모이 가방을 옮기다
경성고보에 다니는 꿀 같은 아들
학자금 마련 약속 한낱 물거품이 되고
주검마저 찾을 길 없게 되었지만
어린 것들에게 남긴 우리말큰사전
어느 금붙이로도 바꿀 수 없는 자산이다
두 시간이 훌쩍 넘게
시사각각 좁혀드는 일경들의 검문 마다하지 않으며
돈뭉치 아닌 굽히지 않는 혼 담긴
말모이를 지키는 사람들 따라
스크린에서 눈 떼지 못한다
배달을 저지당한 검열 우편물 넘치는 지하 창고
청춘을 짓이기는 어두운 감옥,
총칼이 막아서는 삼엄한 검문,
손톱 송두리째 뽑히는 고문
가까스로 헤치고 나와

용산역 건너 하늘 높은 줄 모르고
올라간 재개발 단지에서 쏟아지는 불빛을 본다
남일당에서 철거민 몇 사람 불탄 지
어느 새 십년이 훌쩍 지났단다
사람은 무엇으로 사는 걸까
번들거리는 주상복합 앞 포장마차에 들러
오뎅 국물 흐린 김으로
살을 에이는 겨울밤 공기를 눅인다

박몽구 1977년 월간 《대화》지로 등단하여, 『수종사 무료찻집』, 『칼국수 이어폰』, 『황학동 키드의 환생』 등의 시집을 상재하였다. 한국크리스찬문학상 대상 수상. 계간 《시와문화》 주간.

혁명의 이름 외 1편

박 상 률

시인 김수영은 4·19혁명이 스러지자
'혁명은 안 되고 나는 방만 바꾸어 버렸다'*고
읊조렸지.

3·1혁명 전에는 동학혁명이 있었고,
4·19혁명에 이어 5·18광주민중혁명도 있었고,
5·18 광주민중혁명이 있기 한 해 전엔
부마민주항쟁도 있었고,
80년대 후반엔 6월항쟁도 있었고
최근에는 촛불혁명도 있었지.

고비마다 혁명이 있었는데
진짜 혁명은 안 이루어지고 있으니
계속 혁명이 또 있어야 하는가?
그렇다면 도대체 혁명의 이름을
얼마나 자주 바꾸어야 하는가?
앞으로도 또?
앞으로도 또?

*김수영 시 「그 방을 생각하며」

백년의 약속

'내가 선택한 사랑의 끈에
나의 청춘을 묶었다~'
가수 김종환이 부른 '백년의 약속' 시작 부분
1919년 3월 1일로부터 100년
'우리가 선택한 독립의 끈에
우리의 전부를 묶었다~'
그때 한반도 백성들은 태극기를 들고
독립을 외쳤지만
독립은 쉬이 오지 않았다
1945년 일본제국으로부터 독립이 되었어도
그때부터는 남북으로 나뉘어
양쪽 다 독재정권의 지배가 시작되었으니
오호 통재라!
이제 또다시 백년의 약속을 해야 하는가
2019년의 3월에
다시 해야 할 백년의 약속은?

박상률 1990년 《한길문학》을 통하여 작품 활동 시작. 시집 『진도아리랑』, 『배고픈 웃음』, 『국가공인 미남』 등을 펴냄.

사람 세상에서 외 1편

배 창 환

나라가 망해 갈 때 싸우고 외치고 죽는 사람 하나 없으면 어떻게 그 겨레가 다시 설 수 있으며, 강산이 다 파헤쳐져 거기 깃들여 사는 숨탄것들이 죽어가고 떠나고 텅 비어 가는데 아무도 그들에게 사죄하거나 아파하지 않는다면, 그런 시인이 없고, 노래꾼이 없다면, 어떻게 그 땅 위에 사람이 발 딛고 살 수 있을까

'거리의 만찬' 이란 프로에서 보았다. 견습생으로 일한 지 3개월 만에 사고사를 당한 청년의 아버지가, "어릴 때부터 착하게 살지 말라고 이야기할 걸, 착하게 살지 말라고…" 몇 번이나 되뇌며 통한의 눈물로 가슴 씻는 나라, 하청업체에서 일하다 산재 당해 다리 수술을 일곱 번이나 한 노동자가, "사고 당시 회사에선 앰뷸런스도 안 부르고 숨기기 급급했고 지금까지 사과 한 마디 없다"며, "우린 사람이 아니라 소모품입니다" 외치는 나라, 이래도 우리가 지금 사람 세상에 살고 있다 말할 수 있을까

'안중근 장군 의거 105년 - 아직 끝나지 않은 전쟁' 을 보면서, 힘 있는 자는 있는 힘으로 온갖 그물을 치밀하게 준비하고 전략 전술을 구사하여 결국 빼앗고, 힘 없고 선량하기만 한 자는 결국 빼앗긴다는 인간세(人間世)의 법칙을 다시금 확인하며 나는 묻는다. 아직 끝나지 않은, 사람 세상의 전쟁에서 최후의 승자는 누굴까, 승자가 있기나 할까, 전쟁의 끝은 어디이며 그곳도 사람이 숨 쉬고 살 수 있는 세상일까. '나' 와 세계에 대한 최소한의 예의, 부끄러움을 버린, 함께 살기를 포기한, 이 끔찍한, 돈 세상

흐른다는 것

아이들이 냇가 풀밭에서 놀고 있었다
벌거벗고 물속으로 들락거리는 아이도 있었다
하얀 물오리들이 아이들 곁에서 푸들거리며 놀고 있었다
자전거를 세워놓고 짙은 땅버들 그늘에 앉은 중년의 사내들이
그 모양을 물끄러미 보고 있었다

물살은 무심히도 아이들을 감싸 흐르고
바람도 그 곁을 흔적 없이 스쳐 지나갔다
둥근 저녁 해가 산그늘 옥수수 밭으로 벌겋게 잠기어가는 광경을
서행하는 차창 유리를 사이에 두고 내가 보고 있었다

여기까지가, 10여 년 전 남북작가회담 때 평양 가서 담아 온 미완(未完)의 시, '저녁 풍경-평양 교외(郊外)에서'이다. 타임머신을 타고 이제는 사라지고 없는 어릴 적 우리 고향 마을 풍경 속으로 들어간 듯, 정지된 화면을 스케치한 수채화 한 컷…

그 냇가, 그 땅버들 숲은 누가 지키고 있을까
하얀 물오리 떼, 순한 아이들, 지금쯤 서해 어디선가 출렁이고 있을 정한 시냇물
모두 흘러가고는 돌아오지 못할, 하지만 아직도
그곳을 못 떠나 서성이고 있을 오후의 햇살과 물빛 바람
그리고 우리가 오래 꿈꾸었던, 언젠가는 오리라 믿었던
그날, 그날을 위해 떠나면서 서로의 가슴에 뿌려주었던
따뜻한 눈물과 이별 노래의, 작고 단단한 씨앗들!

배창환 1981년 겨울 《세계의 문학》으로 등단. 시집 『겨울 가야산』, 『흔들림에 대한 작은 생각』, 저서 『이 좋은 시 공부』 등 있음.

3·1독립운동 그때부터 지금까지 외 1편

손 현 숙

벼랑에 꽃 피었다
한 호흡에 한 발짝씩 바위산 간다
급경사면을 타고 올라오는 골짜기바람
뒷골 당기면서 이가 시리다
나뭇잎 한 장, 발아래 허공을 난다
누구를 떠돌았던 함성일까,
밝은 쪽 길을 따라 떠나가시라,
손가락 끝에 날을 세워
바위 틈새를 겨우 붙들고 견디면서
다 왔다, 비봉에 앉아
까마득하게 내려다보이는
3·1독립의 함성, 숨소리처럼 살아있는
산 뒤에 산, 앞에 또 산
어디 먼 세상을 돌아왔을까
꽃 한 송이, 지금까지 한 걸음이겠다
그때부터 아직도 여기다

대한아, 독립아, 나라야~

소귀천 흙길 포근하다
늙은 마가목 숲속 바닥에 착 발린 야생화
입술 뾰족뾰족 내밀어 쫑알거리듯
자잘하게 맺힌 꽃 송아리, 보랏빛
잠자리 떼처럼 앉은 여기!
보고 싶은 마음에 와락 엎어진 꽃밭
잡힐 듯 꼬리 바싹 치켜세운 밝은
대한아, 나라야, 문 좀 열어라

손현숙 1999년 《현대시학》으로 등단. 시집 『너를 훔친다』 외 다수. 고려대학교 대학원 문학박사.

100년 전 그날, 청하 장터에서 외 1편

윤 석 홍

따뜻한 가배(가배) 대신 차가운 총구를 들어야만 했던 선조들은 100년 전 3·1독립운동이 대구에 이어 경북 동해안 작은 포구 포항과 청하 장터에서 처음으로 일어났습니다. 민들레 피고 애기똥풀 피고 동백꽃 다투어 피어나듯 함성과 태극기 물결이 붉은 피꽃으로 피어났습니다. 벚꽃 지고 개나리 진달래 지던 날에도 뜨거운 함성으로 가득했던 그날, 온통 붉은 피꽃이 계속 피어나고 있었습니다. 피다 만 꽃들이 지는 날인 줄만 알았는데 그냥 지는 꽃이 아니고 온몸으로 저항하며 나라 위해 던져진 단단하고 고결한 꽃이었습니다. 분노 가득한 함성과 태극기 물결이 잠든 민중을 깨우고 그들은 붉게 툭 떨어지는 동백꽃처럼 두려움 없이 목숨을 내던졌습니다. 이처럼 목숨 걸고 만세 부르던 수많은 민초 꽃들은 스스로 결연하게 피었다가 해방이라는 감격의 꽃비를 뿌렸습니다. 마음 벅차게 끓어올랐던 그날 고초를 겪다 형장의 이슬로 사라진 형제 누이를 눈 감고 떠올려 봅니다. 꽃샘추위에 시린 코끝 쥐며 돌아 나오는 청하 장터에서 대한독립만세 목 터지게 외쳤던 함성이 귓가에 맴돌고 마을회관 확성기 통해 들려오는 삼일절 노래에 그만 눈시울이 붉어졌습니다.

*포항교회(현 포항제일교회) 장로 송문수와 최경성이 신도 이기춘, 영흥학교 교사 이봉학, 장운환 등과 주도하여 3월 11일 포항장(여천장)에서, 송라면 대전리 교회 이준석 · 이준업 형제와 윤영복, 청하교회(현 청하제일교회) 오용간, 교사 윤영만 등 22명이 3월 22일 청하 장날에 거사를 일으켰다. 이들은 검거되어 모두 실형을 받았으며 옥사했다. 현재 포항에 3.1 만세운동 기념 시설은 송라면 대진리에만 있다.

삼일절 아침의 꿈

3·1독립운동 100주년이 되는 삼일절 아침, 아시안 하이웨이를 달리는 꿈을 꾸었습니다. 아시아 32개 국가를 하나의 길로 묶어 놓은, 무려 14만 킬로미터로 지구 둘레 3바퀴 이상 도는 아시아 어디든 자동차로 달릴 수 있는 길입니다. 32개국 55개의 노선이 있는데 약자는 AH로 우리나라는 AH1과 AH6이 지나갑니다.

AH1은 일본 도쿄가 출발지라 하지만 부산까지 길을 놓는다면 도쿄가 출발지가 될 수 있지만 AH1과 AH6의 진정한 출발지는 대한민국 부산입니다. AH1은 경부고속도를 달려 서울과 평양 거쳐 중국 베이징, 베트남 하노이, 미얀마 양곤, 인도 뉴델리, 이란 테헤란, 파키스탄 카불, 터키 이스탄불 지나 불가리아 국경까지 이어지고, AH6은 부산에서 동해안 7번 국도 따라 포항, 원산을 지나 러시아 블라디보스토크, 중국 하얼빈, 카자흐스탄 알마티, 러시아 모스크바, 벨라루스 국경까지 이어지는 길입니다.

지금은 알 속에 있는 길이지만 오래지 않아 껍질 깨고 나와 날개 펴고 달려갈 길입니다. 오랜만에 지도 펴놓고 그 길들을 손으로 하나하나 짚어 보면 심장이 쿵쿵 뜁니다. 대한민국 독립과 해방을 위해 아시아 거쳐 유럽까지 설움과 아픔과 슬픔을 지닌 채 대한독립 만세 외치며 머리카락 휘날리도록 달렸을 그 모습이 손에 잡힐 듯 생생합니다. 저도 3·1독립운동 정신을 되살려 양손에 태극기 들고 아시안 하이웨이를 힘차게 달려가겠습니다.

*아시안 하이웨이(Asian Highway Network)는 21세기 실크로드로 불린다.

윤석홍 충남 공주 출생. 1987년 《분단시대》로 작품 활동 시작. 시집 『저무는 산은 아름답다』, 『경주 남산에 가면 신라가 보인다』, 『밥값은 했는가』 등 있음.

태극기와 태극기 부대 외 1편

이 도 윤

분노란 결국 서러운 것인데
소멸하며 서러워지는 것인데
눈물 대신 어쩌자고
바늘이 몸을 뚫고 자라나는지 모를 일이다

백년 된 조선의 삼일절 앞에
그 날처럼 간절한 함성
태극기 그려 만세라도 흔들어 보고 싶은데
아우내 장터 일본 주재소
헌병 경찰 보조원 몇몇 징그러운 앞잡이
저 귀신 이제는 분칠을 한 국회의원 되어
찌그러진 깡통 엉덩이를 몰고 다니지

우리는 다시 시들어 버릴 꽃을 심지만
참회 없는 날들을 만세는 기다릴 것이다
꽃의 곁에 다시 꽃을
촛불 옆에 다시 촛불을
삼천리 흰 광목이 나비처럼 날아오르고
바늘로 새겨놓은 글씨의 날들이 눈물이도록

도보다리

남북 팔천만
나무다리 위를 동시에 걸었다
널문리 작은 다리 무너지지 않았다
전나무 숲에 숨은 노루랑 토끼
장엄한 풍경을 내어다보았다
날개를 단 것들은 이 순간을
참지 못하고 솟구쳤다
삼십 분 동안 수억 개의 티브이가
선과 악을 구별하고 싶어했다
날개의 균형을 어쩌구 저쩌구 말했으나
날개는 얼씨구 절씨구로 날아올랐다
서로의 손을 잡고 걸어가 본 남과 북
군사 분계선 글씨가 늙어
65년 전 얼굴은 지워져 있으나
남과 북은 그들을 한 번씩 어루만졌다
평화란 선과 악이 한 몸이라는 듯
새의 노래로만 말하였다
신문이 실망하든 말든
남과 북 새 소리로만 말하였다
사람 이전에 평화였다

이도윤 1985년 《시인》지로 등단. 시집 『너는 꽃이다』, 『산을 옮기다』 있음.

낡은 놋주발

이 승 은

비행기를 헌납하고 요직에 앉았다는 친일의 은전으로 거머쥔 저 땅덩이 육십 년 광복절 아침에 배가 자꾸 불러오고,

경북 영덕 출신 신돌석 의병장님 그 집안에 전해 오는 낡은 놋주발은 연푸른 녹이나 긁으며 이날토록 배를 곯고,

이승은 1979년 문공부 · kbs 주최 전국민족시대회로 등단. 시집으로 『얼음 동백』, 『넬라 판티지아』, 『꽃밥』 등 있음. 백수문학상, 중앙일보시조대상 등 수상.

단재 신채호 선생을 생각하며

이 승 철

삼월 초하루 저 너머 보리밭들이 왜 이리 푸른가요. 고두미마을 쑥국새는 앙칼진 목소리로 가슴 빠개지게 울더이다. 서른 살 된 그 육신은 백두산을 밟은 후 압록강을 건너갔소. 북만주와 시베리아에서 당신이 찾은 조선 고대사는 어디로 갔소. 블라디보스톡에서 상하이로 끝내는 뤼순에서도 흔들림 없이 당당하던 그 얼굴이었소. 폭탄과 권총과 피톨의 만세소리. 민초들아 칼을 들라, 그 칼로 강도 일본의 목을 치라던 외침은 꽃물결로 포개져 내립디다. 피 고운 그대 체취가 저리 아련할 줄 내 몰랐소. 朝鮮革命宣言! 그 형형한 여섯 글자 위로 말발굽 치던 獨立軍 군가소리, 피어린 깃발만 저리 우렁찹디다. 그 경전 속에 마냥 저며지고 싶었소. 씨불알 같은 웅혼한 수컷의 목소리였소. 천지에 요동치던 야성의 울부짖음! 그 숨결에 조국 산하는 마구 꿈틀대고 있었소. 그맘때쯤 무수한 영혼들은 헌걸차게 나부꼈소. 시누대보다 더 새푸르게 반짝이다가 기어이 솟구치던 그리움이었소. 아으, 삼월의 눈보라는 조선 산하에 송이송이 흩날립디다. 뼛속 마디마디에 살캉대던 그 몸짓, 살아생전 세수조차 빳빳하던 얼굴이 보입디다. 순국의 살과 뼈는 지금, 어디서 숨 쉬고 있는가요. 종갓집 장손처럼 튼실하던 만세만세 만만세 소리가 조선반도 위로 넘쳐나 하늘북이 되더이다. 한 켤레 짚신짝으로도 마냥 휘달려가던 그 목소리, 당신이 그날 외쳐 부른 장엄한 노랫가락은 관솔불보다 더 뜨겁게 아우성치더이다. 저 시러베아들, 아베 신조를 척살하라는 지엄한 함성이 분단된 산하에 그것 참, 옹골차게 출렁입디다.

이승철 1983년 무크 《민의》 제2집으로 등단. 시집 『총알택시 안에서의 명상』, 『당산철교 위에서』, 저서 『광주의 문학정신과 그 뿌리를 찾아서』 있음. 현재 한국문학평화포럼 사무총장.

59년 동갑계 외 1편
–북한의 어느 시인에게

임 동 확

더 늙기 전에, 무려 18일간 한반도를 휩쓸고 지나간 '사라호 태풍'이 태어난 돼지띠라는 것만으로 반갑게 모이자. 행여 먹고 싶으면 먹고 자고 싶으면 자는 돼지의 성품을 조금이라도 나눠가지고 있을지도 모르는 북녘의 돼지띠 시인들이여! 마치 윤제림과 박철, 송찬호와 내가 지난 1987년 시인이 된 돼지띠라는 핑계로 반갑게 만나듯이 단지 우리가 돼지띠 시인이라는 이유만으로 이유 없이 만나자.

솔직히 남과 북을 가릴 것 없이 돼지막 같은 시대를 통과해오면서 굶주린 들개들처럼 떼거리 짓기보다 그 어디서도 있는 듯 없는 듯 혼자서도 잘 지내왔을 한 북녘의 돼지들아! 제천 출신 제림이와 김포 출신 철이, 보은 출신 찬호와 광주 출신인 내가 다툼 한 번 없이 잘도 어울려 지내듯이 서로 다른 체제와 고향 따지지 않은 채 허물없이 밥 한 끼 술 한 잔 나누자. 그러다가 흥이 나면 철이가 실향민 어머니를 생각하며 '찾아갈 곳은 못 되더라 내 고향'을 선창하고, 문득 제림이가 일어나 가곡 '명태'를 답가로 부르고, 모처럼 보은에서 올라온 찬호가 말없이 박수를 치며 친구들을 지켜보듯 설령 음정 박자가 틀리더라도 개의치 않은 채 저만의 애창곡을 절실하게 불러보자.

황금돼지 저금통에 쌓인 동전처럼 묵직해진 나이에 지레 놀라고 있을, 그러나 때마침 3·1만세 운동이 일어난 지 1백주년이며, 또 잘 하면 뜻밖에 통일이 될 수 있는 행운의 해에 환갑을 맞은 북녘 남녘의 돼지띠들아. 끄덕하면 개인보다 국가를 앞세우던 난세 속에서 저마다의 우여곡절이나 가족사는 그저 어림짐작할 뿐, 굳이 캐묻지 않은 채 평소 무관심하게 지내다가도 음력 정월 생인 윤제림과 8월생인 송찬호, 12월생인 박철과 2월생인 내가 불현듯 만나 술에 취하면, 곧잘 제사상의 삶은 돼지머리 같은 표정으로 헤헤거리다가 뿔뿔이 헤어지는 그런 모임 아닌 모임을 꿈꾸어 보자.

무슨 회비 납부나 정기출석 같은 일체의 의무나 책임에도 얽매이지 않은 채, 그저 '주리면 먹고 마시며 졸리면 두말없이 잠에 드는 飢來喫飯 困來卽眠' 당나라 혜해(慧海) 선사처럼, 아니면 배만 고프지 않으면 꿀꿀거리지 않을 집돼지 같을 남녘 북녘 시인들아. 단지 욕심이라곤 오직 자신을 속이지 않는 시를 쓰는 동갑의 시인이라는 것만으로 만나자. 그러나 아주 가끔씩은 더러 생각난 듯 조국의 미래를 묻기도 하는, 매우 즉흥적이고 부정기적인 59년 돼지띠 동갑계를 결성하자.

별
–서정주와 윤동주

이른바 한국현대시 1백년사에서 두 살 터울인 1905년생 미당 서정주의 「한국성사략(韓國星史略)」과 윤동주의 시 「별 헤는 밤」을 통해 천공의 별을 자신의 시 품 안으로 끌어들인 바 있다.

앞서거니 뒤서거니 물리적으로든 현실적으로든 관여하거나 지배하지 않는, 그러나 혼돈의 시대를 건너가는 영원한 존재의 아날로지로 노래했던 게 미당과 동주의 별이다.

각설하고, 미당은 당돌하게도 개화 일본인이 허무로 도색해놓은 별을 자신의 십이지장 끌어오길 자청했다. 그리고 동주는 수줍게도 아스라이 먼 곳에 있는 그 별들은 그대로 놓아둔 채 바라보길 선택했다.

하지만 어느 순간 아래에 머물러 있던 것이 위로, 위로 향하던 것이 아래로 바뀌면서 새로운 역사의 아이러니가 시작되었다는 것인데,

터진 장(腸)을 꿰매면서까지 붙잡아두려 했던 미당의 별은, 그의 호언장담에도 불구하고 끝내 일탈하여, 오늘 날 송학(宋學) 이후보다 더욱 먼 천공으로 건들건들 떠돌고 있는 형편이다.

반면에 여전히 그리움과 쓸쓸함과 부끄럼이 잔뜩 묻어 있는 동주의 별은, 가만 지상으로 내려와 지금도 자랑처럼 우리들 가슴 속을 하늘하늘 스치우며 지나가고 있는 중이라 하겠다.

임동학 1987년 시집 『매장시편』으로 작품 활동 시작. 시집 『살아있는 날들의 비망록』, 『운주사 가는 길』, 『길은 한사코 길을 그리워한다』, 시론집 『사람이 꽃보다 아름다운 이유』 등을 펴냈다.

침략은 끝이 없었다 외 1편

정 원 도

만주를 거쳐 중국마저, 태평양 연안의 필리핀에서 인도지나(印度支那)까지 삼킬 기세에
하얼빈에서 청산리로 아무리 목숨 바쳐 싸워도 여자들까지 근로보국대로 강제동원 하는 광란에

친일파가 더 극성을 부렸네
광복이 되자 재빨리 미군정에 붙어
권력을 장악한 자들!

어디서 어떻게 죽었는지도
얼마나 많이 붙잡혀 갔는지도 알 턱 없어
알려고도 하면 안 돼 거꾸러지는 몸 숨기며
칠흑 같은 길모퉁이 돌고 돌아
남몰래 도망쳐 봐야

어디로 도망간들 피신할 곳 없는
얼어붙은 강 빙판길 골라 야반도주 해본들

탄광이나 철도 군사기지에
종군 위안부로 마구잡이 끌려다녀
생사 거처는 아무도 모른 채

손톱이 빠지도록 처절하게 혹사당해
차라리 짐승이 되어야 했네

자고 나면
죽음의 소문만 난무하던 그때
지금도 회상하면 숨이 턱턱 막혀오네

황국신민서사(皇國臣民誓詞) 개요

조선인과 일본인은 한 조상에서 왔다는 말로
황국신민서사는 책으로 강요하고 궁성요배 충성의 표시로 황궁을 향해 절하게 해

일본식 이름 하나씩 목에 걸고
조국의 성전(聖戰)인 양 내몰리는 동안
신사참배로 줄선 영리한 붓들은
망한 조선 대신 머리 조아렸네

놋그릇이나 화로에
하다못해 솔방울까지 징발해가도
감옥은 쉴 새 없이 잡혀오는 독립투사에
죄 없는 죄수들로 넘쳐났고
어린 처녀들은 불만 팽배한 군사들의
성노리개로

붙잡혀가지 않으려고 아무하고나 결혼했다가
서방마저 끌려가 전사하는 바람에
청상과부가 되거나 숨었다가 발각되어
돌아올 기약 없는 전쟁터를
생채기 난 맨발에 피 철철 흘리며
아으! 무지막지 끌려다녀야 했네

정원도 1985년 《시인》지로 등단. 시집으로 『그리운 흙』, 『귀뚜라미 생포 작전』, 『마부』가 있음. '분단시대' 동인.

임정 밀지(臨政密旨) 외 1편

정 한 용

동지들 노고를 치하하오, 確言할 수는 없지만 우리가 언제까지 日帝의 발아래에만 있지는 않을 것인즉, 저녁이 오고 캄캄한 밤이 덮쳐도 어느새 新새벽의 빛이 밀려오듯, 동지들이 살게 될 나라는 지금과 확연히 다르리라 믿소, 다만 이 은밀한 書信이 사람 사이에 口傳처럼 전해져 暴政을 견디고 獨裁의 담금질을 무사히 건너갈지, 적잖이 염려되지 않는 건 아니오, 그래도 우리가 上海 시대를 접고 안개 자욱한 中京에서도 잘 견뎌냈듯, 동지들도 촛불 밝히며 새날을 열었으리라 확신하오, 鼠鷄는 본디 날이 밝으면 시끄럽게 짖고 까부는 것들이니 동지들의 희생과 노력으로 모두 물리쳤으리라 믿지만, 정작 노심초사 疑懼스런 게 있다면 우리 내부에 도사린 陰險한 세력들이오, 그들은 가면을 쓰고 순한 양인 양 행세를 하고 다니면서, 오히려 뻔뻔스레 親日과 獨裁에 부역하고 기생한 過誤를 훈장으로 알고 큰소리 칠 것이오, 또 달콤한 말에 附和雷同하며 백 년의 고통이 맺은 결실을 가로채 가는 자도 있을 것이오, 그러하기에 부디 잊지 마시오 過去의 피눈물을 기억하는 자가 미래를 主宰하게 된다는 것, 새벽에 쓴 이 書信을 그 누가 읽든 이름 모를 그대도 첫새벽에 읽으면 좋겠소, 우리 뜻이 백 년 後代의 동지에게 무사히 닿고, 그대는 다시 백 년 後의 동지에게 고이 傳하기를 바랄 뿐이오, 하나 附記하거니, 解放과 統一의 깃발이 펄럭이는 날, 강을 거슬러 백 년 전 우리에게로 환한 答信 한 줄 보내주면 좋겠소.

반복과 차이*

지금 얼마나 왔습니까?

남작에서 후작으로 오르신 높은 이가 훈시하시었습니다. "거리에 나서서 몇 마디 외친다고 세상이 바뀔 것 같습니까?" 그리고, 한 시인이 청년들을 전쟁터로 유혹했습니다. "나라의 부름을 받고 가실 때에는 빨간 댕기를 드리겠어요."

상처를 치유하는데 백 년이란 시간은 부족합니까?

국무총리까지 오르신 높은 이가 다시 훈시하시었습니다. "필요하면 일본 자위대 입국을 허용할 것이다." 그리고, 얼굴에 마스크를 쓴 젊은이들이 성조기를 들고 묵묵히 서 있습니다. "찌질하게 굴지 말고 방위비 분담금 빨리 보내라."

우리는 지금 얼마나 더 갔습니까?

*읽는 이에 따라 이 시는 질 들뢰즈의 책 『차이와 반복』과 관련이 있을 수도 있고 없을 수도 있음.

정한용 1980년 중앙일보 신춘문예 평론 당선과 1985년 《시운동》에 시 발표로 작품 활동 시작. 시집으로 『유령들』, 『거짓말의 탄생』 등 있음. 천상병시문학상 수상.

씨앗들 외 1편

조 삼 현

예서제서 봄 씨앗들 팡팡 폭죽을 쏘고 있다 만세 만세 삼일혁명처럼 번쩍번쩍 지구를 들어 올리고 있다 노래의 씨앗이 음표라면 문학에도 씨앗이 있다 바다야자수 씨앗처럼 크거나 난초 씨앗처럼 작거나.

"조선의 학병이여 분연히 일어나 일황 폐하를 위하여 목숨을 바치자" 외쳤던 서정주가 뿌린 시의 씨앗은 어느 크기 씨앗일까? "일본인과 조선인은 지금은 합체된 단일민족이다 이미 자란 아이들은 할 수 없지만 아직 어린 자식들에게는 일본과 조선이 별개 존재라는 것을 애당초 모르게 하련다 천황폐하 아래서 생사를 같이하고 영고를 함께할 한 백성이여" 외쳤던 김동인이 뿌린 소설의 씨앗은 어느 크기 씨앗일까?

서정주가 지평 중앙일보에 뿌린 씨앗에서 미당문학상이란 열매가, 김동인이 지평 조선일보에 뿌린 씨앗에서 김동인문학상이란 열매가 다디달게 익어가고 있다.

삼현(三絃)의 정치

나, 대통령이 된 적 있네 탱크로 밀어버리거나 기총 소사로 쓸어버리지 않고도 대통령이 되었네 권좌에 오르는 일 쉽지 않았지만 과히 어려운 것도 아니었네 주먹 한 방으로 찬탈한 것 아니지만 주먹 한 방 마지막 내밀어 대통령이 되었네 봉황금침도 보료에 앉지 않았기에 나는 하야(下野)를 생각하진 않았네 랍비여 아기의 요람에 무엇을 놓을까요? 종이 삼각형이 관절염에 좋다는데,* 성삼위 삼각은 불안전하여 완전하다 가위로 묵을 벨 순 없지만 찌로 천을 자를 순 있지만 보자기로 돌멩이를 보쌈하기도 하는 삼현(三絃)의 분립, 서로 모자람의 균형! 누가 대통령이 되어도 즐거웠던 코리안 룰렛 내 유년 시절 묵찌빠

*중세 독일의 미신

조삼현 2008년 월간 《우리시》 등단. 시집 『어느 수인에게 보내는 편지』 있음.

살얼음 빛 외 1편

최 세 라

팔꿈치가 닳아진 저고리 입고
나는 까치발 하고서 능선 너머 바라본다

해는 엿가락처럼 늘어져
열여섯 황톳빛 치마
진창길에 너저분히 자락이 쓸려 쓸려 가던 곳

뼈만 앙상한 어깨와 목덜미에는
추잡한 음담과 요상한 욕설이
の나 ろ 같은 글자들로 가득 새겨져 있어

이 능선만 넘으면 되는데
타향보다 먼 고향
가끔 낫으로 아무렇게나 쳐낸 배추뿌리 씹으며

물 적신 멍석과도 같았던 적도의 대기
멍석 보다 더 멍석처럼 척척 감겨 오던
이치로, 지로들을 어쩔 수 없이 떠올린다

어메, 환갑은 어찌 하셨소
국민 학생 개구지던 아우가 끌려간 사할린 섬

그 보조개 이쁘던 것이 벌목장에서 혼을 놓은 걸
여직 못 믿는다 들었어라
이팔청춘 딸내미도 좋은 데 시집 갔겄지
그래 놓곤 내 말을 내가 못 믿는다며 가슴을 친다면서라

해방은 되었어도 해빙은 당당 먼 것 같소

개들이 혀 빼무는 삼복더윈데
오늘도 온 하늘이 살얼음 빛이어라

기무라와 마쓰모토와 사토

기마 헌병의 말발굽에 두 눈이 터져 나갔다
총검에 잘린 팔은 태극기를 쥔 채 나뒹굴었다
야마구치에서 온 기무라는 채찍을 휘둘렀다
휘두를 때마다 하늘이 두 동강 났지만
물밀듯한 함성은 동강내지 못했다
암흑으로 온몸을 빚어낸 얼굴들
그 까마득한 깊이에 박혀있는
백도라지 같은 정신만은
캐낼 수가 없었다

1919년 3월 1일
날씨는 청명했으나

기무라 등이 토해낸 가쁜 숨은
제 나라 귀신들의 검은 연기 같았다
천황 폐하 반자이를 목청껏 부르짖으며
기마 헌병이 함성 속으로 돌진해 들어갔다
기무라와 마쓰모토와 사토는 총검을 휘둘렀다

넘어뜨리고 넘어뜨리는데 이상하게도
함성 소리는 그대로였다

최세라 2011년 《시와반시》 등단. 시집 『복화술사의 거리』 있음.

잘 익은 꽃 외 1편

허 형 만

아직도 일본 제국주의의
부끄러운 만행은 용서를 구하지 못하고
등을 돌리는 이 현실 앞에서
한 역사가 피투성이이듯
한 생애 또한 피눈물인 위안부 할머니처럼
꽃은 피어 익어간다

오늘도 햇살은 먹구름 속에서도
그 뜨겁고 찬연한 빛을 잃지 않고
꽃은 서릿발 엄동설한 속에서도
어김없이 언 땅을 뚫어 피어나느니
꽃은 피어 시드는 게 아니다
꽃은 피어 익어간다

보라, 위안부 할머니는 이미 위안부가 아니다
눈물이 아니다 꽃이다
잘 익은 향기로운 꽃이다
서러운 한 역사가 그 향기에 취해 자결할
잘 익은 꽃이다

잘 익은 꽃!

평화의 소녀

누가 이 소녀의 이름을 불러다오
평화의 소녀!
꽃처럼 불러다오
바람처럼 불러다오
누구든 좋으니
이 소녀의 이름을 불러다오
평화의 소녀!
별처럼 불러다오
태양처럼 불러다오
누구든 좋으니
이 소녀의 이름을 부르면서
조용히 손을 잡아다오
다정하고 따뜻하게
두 손을 꼬옥 잡아다오
사랑의 눈빛으로
벅찬 가슴으로
이 소녀의 이름을 불러다오
평화의 소녀!
혼자이면서도 여럿인 듯
쓸쓸하지 않게 외롭지 않게
민족의 이름으로
혈육의 이름으로
누가 이소녀의 이름을 불러다오
평화의 소녀!

한밤 깨어있는 부엉이처럼
어둠을 가르는 번갯불처럼
비바람에도 흔들리지 않게
눈보라에도 떨리지 않게
누구든 이 소녀의 이름을 불러다오
평화의 소녀!
평화의 소녀!

허형만 1973년 《월간문학》 등단. 시집 『영혼의 눈』, 『가벼운 빗방울』, 『황홀』 등 있음.

길 위의 눈빛 외 1편
–만주 최후의 항일 파르티잔 허형식

홍 순 영

나는 책상을 사이에 두고 한 청년과 마주 앉아있습니다
한 번도 만난 적 없는 청년의 눈동자 속에는
그가 밟은 길들이 별처럼 박혀 있군요
혈흔이 묻어나는 그의 발자국은 방사형입니다
광야의 냄새가 밴 옷자락과 말발굽에 실린 숨소리만이
변절하지 않는 동지입니다

철길 하나를 사이에 두고
그는 다카키 마사오와 같은 고장에서 태어났다고 합니다
다카키 마사오가 일본에 바친 혈서 대신
그는 자신의 머리를 신분증처럼 내밀었다지요

신념을 가르는 길은 어느 곳에서나 출몰합니다
길은 파르티잔입니다
무방비로 우리는 끌려가고, 뛰어가고
보이지 않는 길 속에 숨기 바쁩니다

그는 철길을 건너 대륙을 밟은 뒤
수많은 잔도(棧道)와 허름한 골목 모퉁이마다에
고독한 숨결로 별을 박아놓았습니다

훗날 누군가 출몰하는 길 위에서 방황하지 않도록
숨 가빴던 항일의 흔적을 다시 걷도록

저항은 주변을 딱딱하게 만듭니다
타협은 웃음을 생산하고 배부르게 합니다
33년의 짧은 생애, 일제 패망 삼년을 앞두고 묻힌
눈빛에게 묻습니다

해방은 우리의 진정한 자산입니까

백마가 달려간 곳으로
아직 겨울을 사는 한 무리의 새떼가 날아갑니다

할매 나비

-고 김복동 할머니

주머니 속에 손거울을 넣고 다녔지만
한 번도 들여다본 적 없네
신발에 발을 꿸 때마다
추가 매달린 듯 숙여지던 고개
거기 우묵한 웅덩이에 고여 있는 소녀를 보네
얼굴이 지워지고 없는 소녀 이름을 가만히 불러보네
아버지가 지어준 '복된 아이' 라는 이름을

사납고 무서운 땅들을 지날 때마다

누군가 내 이름을 목 놓아 부르는 것 같아
뒤돌아보았지만 젖은 바람만 불었네
내 발이 딛는 땅이 많아질수록
나는 무섭도록 쓸쓸하고 가난해졌네
집으로 갈 수 있을까

파도의 시간을 건너
수많은 나비가 내게로 날아들었네
나도 늦었지만 한 마리 나비가 되었지
할매나비

많은 사람들이 나를 들여다보고
오래 묵은 내 이야기를 들어주었지만
나는 나를 들여다보기 힘드네
나를 찾고 더 쓸쓸해졌어*
세상에 보여지는 내 얼굴은 나 같지가 않아
내가 알던 소녀는 어디로 갔을까
아버지 음성에 환히 웃던 소녀 복동이는

내가 지친 신발을 두고 떠나려 할 때
마침내 혼자서 날기 시작했을 때
주머니를 빠져나온 손거울은
저 홀로 식탁 위에 엎어져 있네
나는 뒤돌아보지 않고 날으려네
이제야 비로소 나는, 나를, 떠나보낼 수 있을 것만 같네

*일본군 위안부 피해자이자 인권운동가 고 김복동 할머니(2019. 1. 29. 사망) 말씀

홍순영 2011년 《시인동네》로 등단. 시집 『우산을 새라고 불러보는 정류장의 오후』, 『오늘까지만 함께 걸어갈』 있음.

제2부

삼천리에 퍼진 함성

내가 그때 외 1편

강 영 환

내가 그때 태어나 스물세 살이었다면
아우내 장터에서 목이 터졌을까
탑골 공원 앞 종로 네거리에서
총칼에 맞서다
바닥에 쓰러져 피 흘릴 수 있었을까
가족을 뒤에 두고 수천 만리
먼지 이는 만주벌판 달리며
조국을 위한 땀방울 닦을 수 있었을까
하얼빈역 침략자를 향해 총알을 쏘고
내 생을 던질 수 있었을까

내가 그때 타는 들불이 되었다면
정신대에 끌려가는 소녀들 가슴에 불 지펴
손대는 짐승들마다 화상을 입히고
불로 만든 울타리 되어 줄 수 있었을까
뒷날 빼앗겨버린 모국어로
가을 하늘을 노래할 수 있었을까
학도병에 지원하라고 부추기는
어둠이 되지는 않았겠지
그때 내가 스물세 살이었다면
무엇을 할 수 있었을까
궁금해지는 백 년

만세

두 팔 번쩍 들어 올려
만세 부르는 일로
심혈관을 뚫어
온몸에 피를 돌게 한다
발가락 끝에도 무궁화꽃 피우게 하고
눈에도 깃발 펄럭이게 한다
둘이라면 더 좋다
셋보다는 열이면 천이면 그렇게
수만이면 백 년 전 오늘의 촛불이다

누구라도 그러지 않았으랴
눈 바로 뜨고
들을 줄 아는 귀가 있다면
나라 잃은 어둠 속에서 사느니
함께 나온 장터에서
두 팔 번쩍 들어 올려
만세 부르는 일로
나를 살아있게 한다

강영환 1977년 동아일보 신춘문예, 1979년《현대문학》천료 등단. 시집『칼잠』,『붉은색들』,『나는 지리산을 간다』, 시조집『모자 아래』, 산문집『술을 만나고 싶다』등 있음. 이주홍 문학상, 부산시문화상 수상.

꽃이라 부르지 마라 외 1편

권 미 강

"1919년 3월 29일, 수원예기조합 소속 기생 30명이
수원경찰서 앞에서 '대한독립만세'를 외쳤다.
선두에 선 김향화는 6개월간 옥고를 치렀다."

우리를 꽃이라 부르지 마라
기생의 몸으로 어찌 그 일을 했냐고
대견하다 등 두드리지 마라.

일본제국주의 군홧발에 짓밟히고
권력과 돈에 눈멀어 친일의 더러운 옷으로
제 민족 목 조른 을사오적 판치던 나라
치마 속에 감춰둔 태극기 꺼내
독립의 깃발로 흔들었다.

숨 쉬는 공기조차 내 것이 아닌 나라
헝클어진 머리카락 날리는 바람조차 우리 것 아닌 나라
디디는 땅조차 내 민족 것 아닌 나라였다.
내 것을 내 것이라, 우리 것을 우리 것이라
당당하게 말하지 못하는 식민지였다.

춤추고 술 따르는 기생으로 살았지만

뜨거워야 할 심장이 얼어붙어버린 식민지에서
우리가 당연히 해야 할 일
'대한독립만세' 였다.

긴 밤 누르고 거대한 산 위로 솟아오르는 붉은 해
그 환한 기운 담은 태극기가 되고 싶었다.
한반도 내 나라 대한민국 사람이어서
당당하게 걸었던 독립의 길.

치마폭에 청청한 기운 담아 새벽 깃대 잡을 용기
거칠게 몰아붙이는 어둠을 치고 항해의 물살 가를 투지
독립의 바다를 피멍 들어도 거슬러갈 각오
단단히 다졌다.

그리고 외쳤다.
"가야지.
가슴에 독립의 깃대 꽂고 우리 역사 되찾아야지.
대한독립 만세"

더 이상 우리를 꽃이라 부르지 마라.

궁전 딜쿠샤(Dilkusha)*

서울 남산이 내려다보이는 종로 행촌동 1번지
은행나무가 마당을 지키는 하늘궁전 딜쿠샤

그곳에서 메리와 앨버트는 영화 같은 사랑을 했네.

사랑 나눈 인도의 이상향 희망궁전을 서울에 옮겨놓았네.
'딜쿠샤' 와 함께 깊어간 사랑은 대한 독립의 꿈으로 번지고
3·1운동 세상에 알린 그들은 추방당했지만
딜쿠샤, 희망은 계속되었네.

딜쿠샤 딜쿠샤
허름한 희망 안은 열다섯 집이 살았네.
망개떡장사 공씨
뽕짝가수 억순씨도 삶을 기댔네.

2층 방에서 정찰기처럼
아래세상을 바라보던 미국정보원 정씨는
세월의 무게에 눌린 궁전이
잠수함처럼 가라앉았다고 했네.

하늘에서 세월을 타고 바다까지 내려온 딜쿠샤.
늘어진 하얀 면티가 누렇게 바랠 즈음
1층 할머니는 인어가 되어
더 깊은 바다로 내려갔네.

밤마다 푸른 은행잎들은 '딜쿠샤 딜쿠샤' 바람에 맞춰
앨버트 잠든 양화진을 바라보고
태평양 건너 메리를 부르네.

그리운 궁전 딜쿠샤

*3·1운동을 처음으로 세계에 알린 미국 언론인 앨버트 테일러 가옥

권미강(權米江) 2011년 《시에》 신인상 등단. 공저 『예술밥 먹는 사람들』 있음.

삼월에 걸려 넘어지다

김 양 숙

독일의 한 예술가는 나치정권에 희생된 사람들이 살았던 장소의 멀쩡한 길바닥을 파내어 희생된 이들의 이름과 희생된 날짜가 새겨진 동판을 박아 놓아 걸림돌을 만들었다는데

그리하여 조상들이 저지른 비극적 역사를 숨기기보다 부끄러워하며 과거의 잘못을 일상처럼 마주하고 잊지 말아야 할 것이 무엇인지 기억하며 반성한다는데

그렇다
너희들은 침략한 것이다
아름답게 뻗어 내린 백두대간의 등줄기에 쇠못 박으며 능욕하였다
굽이굽이 흐르는 성스러운 물줄기를 강점하여 피로 더럽혔다 그러나
어디에도 슈돌퍼슈타인* 같은 것은 없고
목숨을 내놓고, 손가락을 자르고 맹세하며, 끓는 피로 지켜낸 이 나라
오천년의 역사를 간사한 혀로 왜곡하느냐

등줄기 곧추세운 백두대간이 뻗어나간 만주 벌판
동해라는 이름으로 품어 안은 독도
남쪽을 지키는 이어도 모두
누구도 감히 넘볼 수 없는 내 수족인 것이다 그러므로
한 톨의 흙 한 방울의 물도 가슴에 낱낱이 새기고
날마다 넘보는 승냥이의 눈빛에서 지켜내어

후대에게 물려줘야 할 이유인 것이다

상처투성이의 역사에 걸려 넘어져도
무릎보다 먼저 일어서는 정신을 가진 족속
우리가 잊지 말아야 할 것은 무엇인가
다만 캐리어를 끌고 현해탄을 건너지 않았다는 것만으로
몸을 던져 나라 지켜낸 이들 앞에서 떳떳하다고 말할 수 있을까

가슴에 걸림돌 하나 만들고 삼월이면 한 번씩 걸려 넘어지는

*슈톨퍼슈타인(stolper stein) : (걸려 넘어지다stolpern)+돌(stein)합성어. 독일의 길 바닥을 파내어 도드라지게 설치된 동판 독일은 물론 폴란드, 헝가리등 나치에게 희생된 사람이 살았던 장소에 설치된 추모비입니다.

김양숙 1990년 《문학과의식》으로 등단. 시집 『지금은 뼈를 세우는 중이다』, 『기둥서방 길들이기』가 있음. 2009년 '한국시인상', 2017년 '시와산문 작품상' 수상.

기미년 삼월 일일 외 1편

김 연 종

바람이 끙끙 앓고 있다

창문 너머, 넘어 너

흐릿한 네 모습이
生의 첫 장면처럼 어른거린다

말문은 열리지 않았다
울긋불긋 태극 문양만 바람에 펄럭였다

가출한 소년처럼
우주 한가운데서 떨고 있을 때
너의 함성은 아득하고 어지러웠다

바람이 운명을 바꾸었다

담장 너머, 넘어 너

수줍은 깃발이
속눈썹처럼 바람의 눈을 찌른다

눈물은 흐르지 않았다
서러운 목소리만 입가에 맴돌았다

쓸쓸한 치마폭으로
내 몸을 감싸 안았을 때
깊고 환한 상처를 문밖에 내다버렸다

낯선 말들과 눈을 맞춘다
묵묵부답인 너와 입을 맞춘다
내 몸은 달아오르고 백년의 너는 더욱 찬란해진다

저곳 너머
네가 있다

낙인(烙印)

흰 저고리 검은 치마
붉은 머플러

수줍은 것은 죄다 붉어진다
살색 크레용으로 희미한 얼굴을 그린다
지우개로 문지르고 붉은 입술을 덧칠한다.

검은 머리에

붉은 낙인이 찍힌
제국의 위안부

검다는 이유만으로
까마귀는 여태껏 흉조로 알려졌다

세상의 목소리에 길들여진 구관조는
달콤한 모음의 말만 되풀이 하고

악마의 속삭임처럼
무엇인가를 받아 적으면서도
하얗게 지우는 법은 배우지 못했다

평화의 광장에
어린 소녀로 다시 태어난 너는

김연종 2004년 《문학과 경계》 등단. 시집 『극락강역』, 『히스테리증 히포크라테스』, 『청진기 가라사대』, 산문집 『닥터K를 위한 변주』 있음.

鷄狗처럼 죽어간 고혼들에 바치는 시! 외 1편

김 자 현

유라시아를 놀라게 한 우리 동포
맨발로 부르는 招魂-
일구일구(1919), 己未年 3월 초하루, 세상을 놀라게 한 그날을
당신은 보고 듣고 떠나 가셨나요
어린 시절
그 어머니 품에 遊轉되던 당신도 금쪽같은 내 아들
비련의 여인에게 하늘 같은 지아비였건만
난징과 아우내, 피어린 산하, 그 어느 우물에 고혼을 박고
북만주
비적이란 이름으로 꼬챙이에 꿰어져
삭북이라 하늘 아래 계구처럼 돌아가신 님
효수당한 그 머리칼 휘날리는 벌판에
당신 그리고 또 당신은 눈 감지 못한 당신은
누구의 아들, 누구의 딸이었나요

부릅 뜬 눈에 민들레 홀씨 떨어져
백번 피고 지고
피고 지는 동안 우리는, 그 후에는 뭘 하고 있었나
너무 순한 백성이라 갈 바를 몰라
너무 착한 백성이라 방법을 몰라
당신들 고해 바치던 서북청년단 이리떼에 몰려

그들과 손잡은 왜구에 몰려
자칭 아름다운 나라라 불리우는 한번 물면 놓치 않는 블독 같은 나라에 몰려
허리까지 동강 내면서
강산이 열 번 바뀌는 동안 뭘 하고 있었냐 묻지 마세요

이제 이공일구(2019) 기해년 3월 1일
백 년이란 세월 동안
한반도 방방곡곡 외세라는 악의 쇠가시 널린 광야에
외치는 자의 소리 있어
이공일구(2019), 기해년 3월 1일 여기
또 한 번 여기 세계사적 백척간두에 모였느니
정의의 선각이요 쓰라리게 죽어간 고혼의 후예로다

억울과 분통은 물론이요
유사 이래 전례 없는 잔인무도한 일제에
맨몸으로 항거한 님들이여!
저들이 짓밟고 간 이랑마다 고랑마다
미팔군의 찝, 파킹하던 자리에
구부러진 쇠 버려진 쇠 녹슨 방아쇠
제 핏줄에게 들이대던 총칼과, 비수들 모두 녹여
호미와 보습, 농기구 만들어
진실의 가래로 둑을 헐고 정의의 괭이로 논밭 일구어

당신들, 그대들
아들이요 어버이요 우리의 연인이었던 당신들
그 기개, 하늘을 찌르던 고결한 영혼을 여기 불러
하늘 가실 길에 뿌리오니 이제 곱게 눈 감으소서!

백 년이란 그 숱한 날들
아무도 돌아보지 않아 쓰라리고 아픈 영혼들
넝마처럼 팽개쳐졌던 영혼이여
구천을 펄럭이던 당신의 피 배인 흰옷 한 벌 태우노니
이제 고운 눈 감으시고 천지신명께 빌어주소서

한반도 구석구석 불평등의 턱을 헐고
전국 방방곡곡 민주가 꽃을 피우고
8천만 가슴에 맥박처럼 평화여 뛰놀아라
대동강 풀리고 한강이 다시 흘러
고결한 우리의 혼 남북으로 다시 흘러라, 동맥도 정맥도
모세혈관까지 온몸 구석구석 맑은 피로 흘러서
한반도를 시작으로 지구촌 곳곳으로
3 · 1혁명의 정신, 사랑과 자주와 평화의 정신
千秋까지 아로새기리니
지구촌 곳곳으로 흘러서 전쟁 없는 세상
난민 없는 세상이여 오라, 빌어주소서!!

날아라 새들아 달려라 냇물아!

고래로부터 흰옷을 즐겨 입고
남의 땅은 넘보지 않는 우리는 선하고 품격 있는 민족
늑대와 이리 같은 외세에 의해
신탁과 반탁이 뒤집히고

오류로 시작된 민족상잔의 세월 70년이 되는 지금
낭비한 세월에 다리 놓자고 광야에서
일천칠백만 외침 있더니 일천칠백만 개 촛불이 타더니
드디어 철마가 북으로 행진을 시작하네

우리 이제 대열을 지어 하바로프스크 산판을 지나
휙휙 지나가는 자작나무 숲을 바라보며
대서양 횡단 열차를 타세
한반도 구석구석 한라에서 백두까지
선대의 우둔과 과오가 시퍼렇게 피멍 든 산하에
대오각성한 그 후예들, 바로 우리들
바로 우리들이 놓은 평화의 다리에서 남북한
민주와 자유가 악수하는 곳에서 경제는 결국 꽃을 피우리
그리하여 악한 외세는 물론이요
제 핏줄에 칼을 꽂는 간교한 무리들로 인해
서럽고 분통하게 살아온 남북한 8천만 더덩실 춤을 출 때
'날아라 새들아 달려라 냇물아!'

대동강 버들치 어름치, 남천에서 올라온
열목어 서로 만나 맑은 햇살 아래 튀어오를 때
살어리랏다 살어리로 추임새를 놓으면
남과 북 연리지 하늘 향해 두 팔 벌리면
한쪽 눈만 있어 바로 보지 못하던 청맹과니
한쪽 날개만 있어
날지 못하던 한반도의 비익조가
한쪽 날개에는 종전선언 또 하나의 날개에는
평화와 화합의 비핵조가 세상의 지붕으로 비상하리니
못 만나던 보라매, 수리, 부엉이,

남북을 넘나드는 곳에서
푸른 하늘을 푸른 벌판을 맘껏 노래하려무나!!

한반도를 시작으로 이 지상 곳곳에
불평등의 턱을 헐고 평등과 평화가 오리니
기아에 허덕이는 난민이 배부른 세상
전 지구촌에 전쟁 없는 세상은 결단코 오고야 말리니
그 숱한 세월 주저앉았던 날개를 화알짝 펼치고
"날아라 새들아, 달려라 냇물아!"

김자현 1994년 《문학과의식》 등단. 한국작가회의, 소설가협회 회원. 《포천동네사람들》 발행인. 시집 『화살과 달』, 『앞치마를 두른 당나귀』, 장편해양소설 『태양의 밀서』 외 다수.

백두산 편지 외 1편

김 창 규

삼월 초하루 조선의 독립을 위해 만세를
목이 터져라 불렀답니다
살구꽃이 하얗게 피고 복숭아꽃이 붉을 때
조선의 금수강산 삼천리를 만세 소리로
천지를 진동시켰답니다

아버지가 광복군이 되었을 때
백두산에서 승전보가 날아들었습니다
김좌진 홍범도 장군과 마찬가지로
피어린 해란강 골짜기마다 단풍이 곱게 물들 때
일본군 수천 명을 이긴 부대가 있었답니다

보천보 전투 승리 소식도 전해졌습니다.
백두산 호랑이 용맹한 부대가 일본군을
아주 시원하게 이긴 전투 소식은
조선반도의 희망을 노래했답니다

봄과 여름과 가을과 겨울
조선의 독립을 위해 싸웠던 위대한 전투
그날의 자랑스러운 우리 겨레가 지킨 반도
역사가 기록하길 친일파를 완전 숙청했다는

기쁜 소식은 승전보나 같습니다

자랑스러운 상해 임시정부 김구 주석
그리고 남북 최초의 정상회담 평양 쑥섬
거기 이름이 기록되어 있더군요
승리의 개선문도 보았답니다

처음부터 끝까지 나라 지킨 사람들은
고통스럽게 살았지만
야만의 식민지 전쟁이 끝났을 때
피 흘리고 숨져간 그날 이후
서울 마지막 해방 전사 김구 주석이
숨을 거두었을 때 슬픔이었습니다

상해임시정부 요원들이 모두 죽고 떠나고
한반도에 전쟁이 터지고 중단된 후
판문점에 또 다른 봄소식이 전해졌습니다
할아버지 그리고 아버지의 아들이
남쪽을 방문한다고 합니다

김구 주석이 꿈꾸었던 상해 임시정부가
남쪽의 친일정부를 반대하다가
통일을 외치다가 총탄에 비참하게
쓰러져 갔지만 정신은 살아 있습니다

경교장 그 앞에 김구 주석의
통일 비나리를 들으며 웃던 날
마침내 촛불혁명이 승리했다는

기쁜 소식에 온천지가 진동했습니다

얼마나 기다렸던 상해임시정부의 승리인가요
백두산과 한라산의 정기를 담아
드디어 남북 정상들이 나란히 섰습니다
천지가 평화와 번영에 대해 화답했습니다
북만주 벌판을 울리던 북소리 말발굽소리
희망으로 화살머리 고지를 넘습니다

동지여, 동무여, 이제 우린 나란히 노래를
진군의 노래를 부릅니다
평화, 평화를 이루기 위해
남쪽 촛불 정부와 북쪽의 주체가 만나
다시 한 번 판문점 도보다리 새 소리
봄바람 소리 전합니다

임진강 푸른 물은
낙동강 피로 얼룩진 전투의 그날을 기억합니다
피어린 백두산 보천보 전투 역시
남과 북의 정상들이 백두산 천지의 고요함을 깨우고
형제끼리 전쟁이 없는 나라를 만들어 갑니다
조선의 만세혁명은 평양에서
하나였고 이제 영원히 하나입니다

김구 선생과 김일성 주석이 꿈꾸었던
하나의 겨레 하나의 민족은
삼일독립운동 백년의 깃발로 펄럭입니다
백두산 장군봉 아래 손잡은

남과 북 두 정상의 위대함
영원한 겨레여 빛나라

봄꽃으로 만발한 깃발이여

일본의 침략자 이토 히로부미여
조선 청년 안중근 권총이 심장을 꿰뚫은
만세 소리가 들리지 않는가

심장의 박동 소리가 커진다
하얼빈 역에서 보무도 당당하게
팔을 들어 권총으로 저격한 날은
조선의 별이 빛나고 빛나는 날이었다

삼천리 반도가 외적의 침입으로
숨죽여 말을 못할 때 윤봉길은 상해 홍구 공원에서
폭탄을 던졌다 전 세계 인민들은 놀랐다
위대한 청년의 거사는 성공이었다

들리는가 조선반도의 애국자들이여
일본군 관동군 그 저주받을 놈들의 간담을
서늘하게 한 청년의 조선독립 만세소리가
폭탄으로 응징한 조선의 기상을
청년은 그렇게 독립투쟁을 감행하였다

동경을 경악하게 만든 이봉창 청년은
위대한 조선의 깃발이었다
젊음을 바친 그대의 빛나는 별 하나
마침내 일본 땅을 놀라게 했다

서울의 한 복판 종로서 경찰과 대적하여
승리를 한 젊은 김상옥 열사여
어찌 우리는 싸우지 않을 수 있나
원수들을 응징한 위대한 청춘이여
백년의 만세소리로 그대를 기억하리라

안중근, 윤봉길, 이봉창, 김상옥 전사들이여
삼일혁명의 시집에 그대들 이름을 기록하여
전 인류의 정의로운 해방투쟁의 역사에
봄꽃으로 만발한 깃발을 들고
촛불혁명의 이름으로 찬양하리라

김창규 1984년 《분단시대》 동인으로 작품 활동 시작. 시집 『푸른 벌판』 외 2권 있음.

대한민국 호 외 1편

-3 · 1 독립운동 100주년에 부쳐

김 희 정

"오등은 자에 아 조선의 독립국임과
조선인의 자주민임을 선언하노라"
삼천리 방방곡곡에
독립 물결 휘몰아칠 때
남녀노소 할 것 없이
조국 없는 현실을 온 몸으로 외쳤다
한 세기를 건너
한라에서 백두에서 서울에서 평양에서
남북이 하나 되어
백 년 전 그 함성 다시 모아보자
나라를 되찾겠다고
어느 산하에서 2억만 리 타국에서
선조들은 오늘을 기다려왔다
조국 땅에서 모국어를 들으며
마지막 숨을 내려놓고자 했다
조국의 독립보다 그 어떤 것도 앞세우지 않고
광야의 별이 되었다
대한민국아, 너는 아느냐
너를 안고 너의 품에 단 하루라도 좋으니까
독립된 나라에서

엄마를 부르고자 했던 마음
지독하게 간절했던 그 마음을
오늘 우리는 피의 혼으로 그린
태극기 앞에 서서 부른다
유관순 열사를 백범 선생을 도산 선생을 단재 선생을
백야 장군을 안중근, 윤봉길, 이봉창 의사를
조국의 독립을 위해 싸운 우리 선조들을
대한민국 임시정부 수립 백 년, 님들이 있어 가능했다
백 년 뒤에, 천 년 뒤에, 만 년 뒤에 올
우리들의 미래 세대에게
대한민국이 도도하게 흘러
세계를 넘어 우주로 우주를 넘어
이 땅의 사물들 하나하나의 숨결에
깊게 뿌리 내리길 원한다
이제 다시 시작이다
또 다른 백 년을 향해,
천 년을 향해 만 년을 향해
대한민국 호(號)의 조타수가 되어 닻을 올려
항해를 시작하자

조선낫

세상은 왜낫이 판을 친다
할아버지도 아버지도

우리 낫으로 나락과 보리를 벴다
잡초도 낫을 피하지 못했다
몸이 닳고 닳아 초승달처럼 야위어 갈 때
아버지 근육도 풀려갔다
술 마시고 온 날, 아버지는
낫을 잡고 울먹였다
이 빠질 틈 없이 우리 들녘을 지켰던 낫
몸은 부러질 것 같았지만
조선의 마음을 품고 있었다
고향 떠나며 처마 밑에 남겨 둔 낫
갑옷처럼 녹을 입었다
지금 조선은 마음도, 나라도 두 개다
한 몸이 되어도 살기 힘든 세상인데
둘로 갈라져 왜낫만 찾고 있다
녹슬어 가는 우리 낫을 갈아
외래풀을 베어야 하는데
아버지는 집에 없다

김희정 2002년 충청일보 신춘문예 당선. 시집 『유목의 피』 외 세 권. 산문집 『김희정 시인의 시 익는 빵집』 외 한 권 있음.

강물이 바다에 이를 때까지

박 남 원

수많은 정치인이
권력의 맛을 보기 위해 권력을 잡으려 했을 때
당신은 유일하게
권력의 본래 주인인 민중에게
그 권력을 돌려주기 위해 권력을 잡았습니다.
권력에 군림하기보다
권력을 민중에게 돌려주기 위해
돌려주기 위해 몸부림치다가
5년을 힘겹게 보내셨습니다.
수많은 돌팔매와
따돌림과
음해 속에서
끊임없이 권력을 진짜 주인인 민중에게 돌려주려다가
그 일이 너무 힘들어
어느 날은 스스로 "대통령 못 해 먹겠다"라고 소리치셨습니다.
그때는 그게 당신의 진정한 마음인 줄을 아무도 몰랐습니다.
그때는 그것이 당신의 진정한 마음인 줄 아무도 이해하려 하지 않았습니다.
어깨에 지워진 그 무거운 것이 당신의 권력이었다면 그렇게 힘들지 않았을 것입니다.
그 많은 것이 자신의 권력이라고 생각했다면 그렇게 고통스럽지 않았을 것입니다.
등과 어깨에 지워진 짐이 너무도 무거워 당신은 간혹 한탄했습니다.
그러자 어떤 이는 경망스럽다는 말과 함께 당신을 손가락질했고
어떤 이는 노무현스럽다 하는 말로 당신을 조롱했습니다.
일인지하 만인지상의 권력자가 되어
귀찮은 것들을 그 권력의 힘으로 가차 없이 짓눌러버릴 수도 있었음에도
마음만 먹으면 그런 자리를 만들 수 있었음에도
바보같이
정말이지 바보 노무현이 되어
그 권력을 민중에게 돌려주는 일에만 오로지 신경을 쓰셨습니다.

당신은
퇴임 후 봉하마을로 내려가서

야, 기분 좋다.하고 외쳤습니다.
권력을 내려놓은 전임 권력자의 쓸쓸함이 아니라
이제 그 권력을 민중에게 돌려주고 왔다는 만족감 때문이었습니다.
그래도
그렇게 힘겹게 한 세월을 보냈어도
사람들은 아무도
당신을 몰랐습니다.
당신이란 사람이 진정 누구인지 알지 못했습니다.
당신이 그렇게 애썼음에도
아직 강물이 바다에 이르지 못했기 때문입니다.

박남원 1989년 《노동해방문학》 등단. 시집 『막차를 기다리며』, 『그래도 못다한 내 사랑의 말은』, 『캄캄한 지상』 있음.

봉오동의 별 홍범도(洪範圖) 장군 외 1편

박 선 욱

1920년 5월 홍범도의 대한독립군, 안무의 대한국민회 의용군, 최진동의 군무도독부가 연합해 대한북로독군부(大韓北路督軍府)가 결성되니 굶주림 겨우 면할 정도의 군량미와 변변찮은 무기 들었을지언정 독립군의 사기는 하늘을 찌를 듯했다 그해 초여름 돌연 일본군이 두만강 건너 북간도로 침입하자 7백여 명으로 구성된 독립군 연합부대, 대한북로독군부의 지략가 홍범도 장군이 작전을 일러주었다

초모정자산(草帽頂子山) 줄기가 남쪽으로 치달아 봉오동 계곡을 감싸고 있으니 반드시 계곡 안에 적을 가두어야 한다 봉오동 상촌 서북단에는 제1중대장 이천오의 부대, 동쪽 고지에는 제2중대장 강상모의 부대, 북쪽 고지에는 제3중대장 강시범의 부대, 서남단에는 제4중대장 조권식의 부대가 각각 매복하라 나는 주력부대를 이끌고 남산 기슭에 진을 치겠다

후방의 대한북로독군부 사령관 최진동과 안무의 부대는 지원 작전을 펴기로 했다 서북산간에 진을 친 연대장교 이원은 전투식량과 무기를 확보하기로 했다 모두들 서로서로 미리 약속된 임무를 다짐하고 있을 즈음 6월 7일 새벽녘 일본군은 전위부대 앞세워 고려령을 넘어오고 있었다 이때 매의 눈으로 적진 살피던 연대장 홍범도 장군이 짧게 명령했다 적이 사정거리에 올 때까지 기다렸다가 발포하라 이윽고 이화일 부대가 적을 깊숙이 유인하자 독립군의 총구에서 빗발치듯 총알이 쏟아져 나갔다 지옥의 불벼락을 맞은 일본군은 혼비백산, 순식간에 병력의 태반을 잃고 비파동(琵琶洞) 방면으로 패주해 갔다

경술국치 이후 북간도에서 일본 정규군을 물리친 최초의 격돌, 항일 무장투쟁사에서 찬란한 첫 승전보를 올린 봉오동 전투의 눈부신 서막이었다

동창리에 울려 퍼진 만세 소리

기미년 4월 3일 홍천읍 동창마을, 아침 일찍부터 흰 옷 입은 사람들 논둑길 걸어와 비석거리 장마당에 모여들었다 반짝이는 햇빛 유난히도 따사로워라 광목에 물감으로 그린 대형 태극기 세 점 펼쳐진 가운데 징이 울리자 마방(馬房) 주인 장두(狀頭) 김덕원은 개회 연설을 했다 "여러분, 오늘이 자리에서 우리는 빼앗긴 나라를 되찾기 위해 목숨을 내걸고 싸웁시다. 궐기합시다." 모인 이들 벅찬 눈물 흘릴 때 서당 선생 부장두 전영균의 독립선언서 낭독, 서석면 수하리 이문순의 만세삼창을 신호로 장마당에 모여든 수천의 백성들 상기된 얼굴로 열렬히 박수 치고 환호하며 젓 먹던 힘까지 짜내어 만세 소리 외쳤다 징소리와 함성 소리 장마당을 온통 뒤흔들었다

운집한 백성들 한 목소리로 만세 부르며 태극기 앞세워 면사무소와 헌병주재소 쪽으로 행진할 때 다리목 지나 동창소학교 부근 야트막한 언덕 쪽 일본 헌병과 보조원들 일제히 총을 난사했다 피 흘리며 쓰러지는 사람들 비명 지르며 넋이 나간 사람들 논두렁 밭두렁으로 뛰어 은장봉 계곡 안골 기슭으로 도망가는 사람들, 장마당은 창졸간에 아비규환이 되었다 이때 날랜 장수처럼 빗발치는 총탄 뚫고 부상자 구하려 사투 벌이는 이가 있었으니 만세운동의 지휘자 김덕원 장두였다 생존한 동지들 이끌고 은장봉 아래 복골에 머물며 시신들 남몰래 거둔 김 장두, 아흐레 뒤 산꼭대기 위에서 횃불시위 벌이니 검은 골짜기 오래오래 붉은 꽃송이로 피어올랐다 그

로부터 수년간 감시 받으면서도 만주에 독립군 자금 보내고 또 보내니, 일경에겐 눈엣가시 마을 사람들에겐 든든한 뒷배였다

1922년 추석 차례 지내러 아들 집 찾아간 장두 김덕원, 매복한 일본 순사들에 의해 체포된 뒤 꼬박 4년간 옥에 갇혀 온갖 고문에 모욕당할 때 산천초목도 치를 떨었다 옥방에서 얻은 폐병 석방 이후부터 시름시름 앓더니 인적 끊긴 도배장이 장남 오두막에서 마침내 눈을 감았다 그날 동창리 마을 뒷산 소쩍새 울음 밤새 계곡을 적셨다

은장봉 토굴 속 은신하며 아미산 골짜기에서 고양산 기슭으로 옮겨 다니며 신출귀몰하던 장두 김덕원, 몸은 비록 수하리 공동묘지에 묻혀 있지만 그의 의기만은 여전하니 오늘도 내일도 그 이름 푸르게 푸르게 빛나리라

박선욱 1982년 《실천문학》으로 등단. 시집 『그때 이후』, 『세상의 출구』, 『회색빛 베어지다』, 평전 『윤이상: 거장의 귀환』 등이 있음.

태극기를 달면서 외 1편

박 원 희

새벽
강을 건넌다.

태극기를 달기 위하여
남에서 북으로 강을 건넌다.
오늘의 밥은 태극기
바람에 휘날리는 태극기
1톤 봉고차 발밑에 태극기 수천을 깔고
미호천을 넘는다.

己未年기미년
3.1절
만세도 부르지 못하는 벌판
총구 앞에 서 있던 현대사의 긴 기억이
겨울 느린 강물처럼 길게 이어진 오늘

불온한 심정을 안고
태극기를 단다.
사람이 들지 않는 태극기
가로등 전신주가 흔들고 있는 태극기

자주독립
민족자결
외세척결
알지도 못하는 말들이
거리에 사람들은 없고
가로등 전신주를 흔들고 있는
삼일절

부러지지 않은 갈대가 지키는
21세기
바람은 곧게 불어오는데
흔들리면서 태극기는
도시로 가는 길목에서
펄럭이고 있다

저항
–3 · 1절에

애초부터 저항은
그리운 꽃이었다.

지나가고 없는 것이었다.

연애는 눈물이 있어도

저항에는 눈물이 없다

연애에는 향기가 있어도
저항에는 향기가 나지 않는다

애초부터 저항은
냄새 없는 피
피지 않은 꽃이었다.

냄새가 없고
맛이 없으므로

저항은

살아남은 자들의
냄새나는 향신료

지워지지 않는 역사
그리운 꽃으로 피고 있는

박원희 1995년 《한민족문학》으로 등단. '엽서시' 동인. 시집 『나를 떠나면 그대가 보인다』, 『아버지의 귀』 있음.

그날 1 외 1편

배 옥 주

필사적인 질문이었다
젖은 날개로 퍼덕이는 초봄이었다
대대적으로 봉기한 발화였다
지문을 말아 쥔 주먹이었다
불러도 들리지 않는 허공이었다
우르르 몰려온 막다른 골목이었다
던질 때마다 발등에 떨어지는 돌멩이였다
벨 수 없는 시간을 쌓아둔 칼집이었다
숨을 불어 넣을수록 들끓는 냄새였다
흘렸다가 도로 주운 칼바람이었다
피 흘리는 불길이었다
퉤! 흙을 뱉어내고 으드득 깨먹는 막대사탕이었다
모래가 버적거리는 대답이었다
서랍에서 찾아낸 삼월 초하루였다

그날 2

빰을 후려쳤다
울지 않았다
안개는 이를 악물고
골고다의 정수리에서 펄럭였다
날마다 죽는 성 바울처럼
뒤집힌 별빛은 밤마다 살아났다
아우내를 들고 일어난 아우성이었다
싸전 위에서 미끄러질 때마다
새벽은 곪은 상처를 짚고 다시 기어올랐다
불탄 이름들은 벽을 기어올랐다
보이지 않는 창밖에서도
바람은 헐벗은 눈을 부릅떴다
발효되기 전 부패해버린 목은 단칼에 날아갔다
죽은 자에게 구하는 신탁은
기도하는 점술법이었다
떡갈나무 잎사귀는 끝없이 만세를 불렀다

배옥주 2008년 《서정시학》 등단, 시집 『오후의 지퍼들』, 『The 빨강』 있음. '요산문학상' 창작지원금 수혜.

함성을 걸어보는 날

–3 · 1절 100주년 기념시

봉 윤 숙

그때 오늘 피로 말했소
머리를 흔들며 눈동자를 부릅떠 치욕을 벗어던지고 광장으로 갔소
상처받고 짓밟힌 태극의 땅을 밟고 일어서

깃발을 흔들며 밀실을 넘어 광장도 넘어

마구잡이식 체포가 있었소 구금과 갖은 고문을 자행했소 방화와 학살을 일삼았소 그러나 우린 비폭력의 맨주먹을 세웠소 우리의 눈빛은 어떤 무기보다 날카로웠소 학생 종교인 상인 노동자의 함성은 바다를 건넜소

이제 또 다른 시간과 마주하고 있소

100은 온 완성이고 승리오
또 하나의 백년 2019
소통의 시간, 변화의 시간이자 출발의 시간

불가능을 넘어 사물이나 공기도 희망으로 넘치오

진보의 발걸음이었소 우리는 이 시점을 미래의 이정표로 삼았소

절망의 해에서 희망의 해로, 억압의 해에서 해방의 해로, 반동의 해에서 진보의 해로 AI조차 손을 불끈 쥔

지금 100년의 불빛이 반도를 건너고 있는 중이다

봉윤숙 2015년 강원일보 신춘문예 등단. 시집 『꽃 앞의 계절』 있음.

유관순은 없다
–3 · 1독립혁명 100주년 기념시

송 명 호

내가 어디에 사느냐고, 너희들의 주소라는 것에 나는 없다
산을 등지고 걸어가면 밭과 논이 나온다
들녘을 지나가면 강물소리 들리는 곳에 나는 산다
송아지가 풀을 뜯다 꿈을 꾸는 강 언덕을 쏘다니는 바람이었다
나를 유관순이라 부르지 말라

수만 개의 바늘에 찔려야 잠들 수 있는 솔바람이며
곧은 가지를 만나서야 울부짖는 댓바람이며
어린아이의 발을 만나야 찰방찰방 춤추고 노래하는 시냇물이다
두견새 노래 소리에 피어난다고
나를 진달래라 불렀다
어떻게 나를 유관순이라 부르는가

묻지 마라, 생년월일이란 거 못 들었다
할머니는 내가 보리쌀을 안칠 때 태어났다고만 그러셨다
쟁기 삽 따라 땅 살이 턱턱 갈라지마 기분이 째지는 기라
흙을 밟고 섰는데 뜨근뜨근해서 미칠 것 같았제
고삐를 당기었는데 알겠는기라 오빠가 말했다
나는 그 시간에 태어났다

내가 무엇을 했느냐고

아침을 먹었다고 누군가에게 아침 먹는 일을 했었다고 말하지 않는다

장터에서 사람들과 만세를 부른 것이야 조선 사람들이 아침밥을 먹는 것과 같았다

만세를 부르면서 굿거리장단으로 춤을 추었다.

조선 사람들이라면 아무 데서나 하는 것이니

나는 아무 짓도 하지 않았다.

그렇지만 나, 무엇을 할 것인지 말하겠다.

폭탄을 던져서 니들이 천황이라 부르는 놈을 먼저 죽이겠다.

내 가슴에 손대지 말라. 태어날 내 아가의 것이다

더러운 손으로 '소중한 곳' 을 만지지 말라

내 손으로 못하게 되면 천황을 죽일 내 아들딸을 낳을 곳이다

그래, 칼로 그곳을 도려내겠다고

잘 들어라 이화학당의 백인 선생이 말했다

영국인들이 아메리카 토착민, 인디언들을 강간하고 그 여성의 성기를 잘라서 가슴에 주렁주렁 달고 다녔다. 그렇게 수천만 명의 인디언들을 죽이었다. 대영제국과 일본 제국은 같다. 너희들은 만세 부르러 가지 말라. 만세를 부르다 잡히면 일본인 순사들은 너희들의 성기를 오려 요리를 할 것이다

내가 죽고 나면 내 소중한 곳을 오려서 가슴에 달고 다니고 싶은 게지

너희들은 임진왜란 때 조선인들의 코를 베고 귀를 베어서 소금에 절인 후에 본국에 가져갔다. 얼마나 많은 코를 베었는지 자랑하기 위해서였다

인디언 처녀를 강간하고 생식기를 가슴에 달고 다니던 영국 놈들처럼…

그래 나를 죽이라

내 몸을 오려서 너의 가슴에 달고 다녀라

하지만 이놈들아 조선인은 다르다
이순신 장군을 알 것이다.
장군은 왜놈들을 보이는 족족 수장시켰다.
그렇지만
사야카(沙也可, 1571~1642)라는 일본 병사가 귀화를 하였다. 조선에서는 그에게 金忠善이라는 이름을 지어 주었다.
이순신 장군은 아무리 바쁘더라도 김충선에게 인간이 되라며 몸소 『논어』를 읽어주셨다.

나는 유관순이 아니다
굿거리 장단으로 춤을 추던 아낙일 뿐이다
아낙들이 낳은 아들과 딸들은 만주에서 중국에서 일본에서 러시아에서 미국에서
네놈처럼 더러운 놈들을 죽일 것이다.
이완용 후손 같은 놈들을 100년에 100년이 지나서라도 죽일 것이다.

일본에 살거나 조선에서 살거나 너희 일본인들에게
『논어』를 읽어 주는 이순신 장군은 어디에건 계시다
나는 유관순이 아니다
모두가 진달래로 피고 진다 피고 진다
유관순은 없다

송명호 1988년 《시문학》으로 등단. 시집 『바람에 찍은 혜초의 쉬임표』, 『안개가 아픈 자작나무』 등 있음. 서울대 국문학과 졸업. 2006년 박근혜 관련 필화 시 사건으로 재판 받음.

내일의 산맥 외 1편

오 현 정

누이야, 저 일어서는 동토의 산맥은
꿈틀거리는 순국선열의 얼, 지고지순한 우리의 정신이다
그 혼백의 역사가 없다면 오늘의 내가 없다

간도 땅 지린에서 1919년 2월, 한지 위에 순 한글 1,291자로 대한독립여자선언서를 쓴 김인종, 김숙경, 김옥경, 고순경, 김숙원, 최영자, 박복희를 이어
3월 1일 아우네 장터에서 유관순 누이의 저고리 앞섶에서 꺼낸 태극기가
주권을 잃고 일본의 지배를 받은 부끄러운 굴욕을 깨우치며 분연히 휘날렸다
호남, 광주, 전주, 목포로 퍼져나간 누이들의 만세 운동은 민족운동이었다

의병들의 외침에 두려운 일제의 무단통치는 끝나고 타오르는 민족해방운동의 불길에
복벽주의는 사라지고 민주공화제 이념 아래 대한민국 임시정부가 탄생했으니
민족운동은 한민족의 독립 의지가 중국 아시아 민족의 해방운동으로 퍼져나갔다

누이야, 저 일어서는 동토의 산맥은
환희와 절망에서도 들리는 넋의 메아리다
아무도 빼앗을 수 없는 대한독립 만세다

우리의 미래를 이어갈 독립운동은 나라사랑을 향한 애오라지 불굴의 혼불이다
3 · 1운동이 없었다면 오늘의 내 이름을 한글로 당당하게 쓸 수 없다

누이의 치마는 태극기의 피로 물들어
민초의 뿌리가 산을 넘고 강을 넘어
대한민국의 내일을 이어갈 자주 정신으로 불타올랐다
남녀노소 오직 하나의 희망을 뼈 속에 새긴 3 · 1운동 내 이름 쓸 때마다 살아나는 3 · 1정신은
일본 정부에 공식적인 사죄와 배상을 청구한 관부재판 소송이다
열네 살에 정신대에 끌려갔던 위안부 할머니의 울분의 불덩이다

누이야, 불편한 얘기를 외면했던 우리의 부끄러움이 꿈틀대는 저 동토의 산맥은
목숨으로 지킨 우리의 강토이자 대한민국의 내일이다

좌절에서 일어선 누이가 없다면 3 · 1정신이 없다면
산맥을 넘어 우주를 넘나들며 훗날을 이어갈 대한민국은 어디로 갈지 모른다
누이야, 저 일어서는 산맥은 바로 우리를 지켜온 붉디붉은 혼의 심장이다

통일의 길목에 그대 이름을 쓰다

가장 답답할 때 기적을 바라면
죽음을 불사한 정몽주의 일편단심이 충심으로 와서
조선 개국의 대업을 위해 헌신한 정도전의 사심(史心)이 된다

가장 좌절할 때 변화와 개혁을 꿈꾸면
12척의 배로 330척의 왜군을 물리친 이순신 장군의 용맹이 와서
하늘을 우러러 한 점 부끄럼 없는 윤동주의 순결한 애국심이 된다

가장 가엾은 사람을 생각할 때 한글을 주신 세종대왕의 마음에 귀를 기울이면
영원히 존재할 수 없는 내부의 분열은 제국주의의 희생양이 될 뿐
자유정신과 창조적 생활 아래 드넓은 홍익세계가 하늘의 순리를 따른다

잘 살기 위한 경제 부흥이 국민 행복, 문화 융성의 지름길이라면
창조적 도전 정신은 국가를 개조하고 사회를 바꾸어
단결과 전진으로 사람을 바꾼다

기적은 기적을 만드는 사람의 것이라면
타고르가 동방의 등불이라 칭한 코리아에 그 등불 다시 켜지는 날에
그대는 동방의 밝은 빛 비추는
금강산을 지나 백두 천지에 통일의 문을 여는 젊은이다

온갖 고초를 겪으면서 독립 만세를 외치던 애국이 비장한 상무(尙武) 정신이라면

질풍노도의 기개로 나라를 지키려던 단심은 진정한 용기와 지혜로
역사의 주인공은 바로 그대라고 우리의 선열들이 부른다

두려움 떨치고 통일의 길 위에 그대 이름을 쓴다
태백산맥 이어 천산에서 통일노래 울려 퍼지는 날
궁서체의 그대 이름 휘몰이 춤을 춘다

오현정 1989년 《현대문학》 2회 추천 완료로 등단. 시집 『몽상가의 턱』, 『광교산 소나무』, 『고구려 男子』 등 있음. 애지문학상, 숙명문학상 수상.

3·1운동 100주년을 맞아 외 1편

차 옥 혜

대한독립 만세! 대한독립 만세!
100년 전 방방곡곡에서 태극기를 흔들며 외친
한겨레 남녀 노소 타는 목소리!
내가 태어나기 전 소리여도
끝없이 내 가슴을 울려오는 소리!

무저항 비폭력 독립만세 시위 물결을
총칼로 잔혹하게 쓰러트린 일본 군경들
쓰라려 쓰라려 어찌 잊을까

국내에서 국외에서 의롭고 아름다운
3·1운동에 참여한 선열들 안 계셨다면
내가 해방둥이로 태어날 수 있었을까
내가 오늘 우리말로 말하고 글을 쓰며
당당한 국민으로 살아갈 수 있었을까
우리나라가 지금처럼 번영할 수 있었을까
3·1운동 조상님들께
수천 번 절하여도 모자라는 마음
수만 번 감사드려도 부족한 마음
한반도 통일과 평화 이루어
은혜에 보답해야겠다

여기는 어디인가

동백꽃이 활짝 피기도 전에
칼바람에 눈밭에 떨어져 떨어져
땅이 울고 있구나 하늘이 울고 있구나

24살 하청 비정규직 노동자 김용균 씨가
석탄이송 컨베이어벨트에 끼어 목숨을 잃었다
2인 1조로 해야 할 일을 혼자서 밤새며
화력발전소 석탄 이송 설비 컴컴한 좁은 통로 오가며
수많은 문을 일일이 열어
몸을 반으로 접어 고개를 디밀고
벨트에 끼인 석탄은 없나 살피며
떨어진 석탄을 삽으로 퍼담다
기계에 빨려들어 몸이 분리된 채 목숨을 잃었다
그의 가방엔 라면 몇 개와 탄가루 묻은 물티슈

취직되었다고 새 양복 모처럼 사 입고
엄마 아빠 앞에서 희망에 차서
폼 재며 애교 부리던 청년

죽은 아들의 탄가루 묻은 검은 얼굴을 보며
통곡하는 어머니
아들이 위험한 곳에서 사람 대접 못 받고
한낱 기계가 되어 일하는 줄 몰랐다고
'위험의 외주화' 막아

비정규직을 정규직으로 바꾸고
책임자 처벌을 할 때까지는
아들의 장례식 치를 수 없다고
단식하는 어머니

동백꽃이 활짝 피기도 전에
칼바람에 눈밭에 떨어져 떨어져
땅이 울고 하늘도 울고 있는 곳
여기는 어디인가

차옥혜 1984년 《한국문학》 신인상으로 등단. 시집으로 『깊고 먼 그 이름』, 『아름다운 독』, 『숲 거울』 외 7권 상재. 경희문학상, 경기펜문학대상 수상.

그리고 제암리 1919 외 1편

한 수 재

밤새
타오르던 하늘 아래
곡식 타는 냄새, 시체 타는 냄새가
바람을 키우고
손에서 손으로 봉화가 오르면
만세길 31키로
화염 속, 교회당
한 덩어리로 눌러 붙은 살점들
소리도 내지 못하고 목을 베였는데
아들아, 딸들아
무심히 오늘을 왔던가
제암리 가는 길
작고 고요한 땅에서는
햇살을 피할 곳이 없네

먼 나라 이웃나라 지구촌
돕고 상생한다지만
실실거리며 흘리는 그들의 역겨운 미소
짐승의 흉측한 이와 이 아래 혀가
어떻다는 것을
우리는 잘 알고 있다

그 살점 위에 백년
무심히 오늘을 갈 일이 아니다
맞잡은 악수 중에도
꺼트리면 안 되는 불도 있다는 것을

새까맣게 타버린 그 날의 쌀알이 싹을 틔우고
받아 소중히 지켜야할 내일이 있음을
발화점에서 차가워져야 할 우리의 이야기가 있음을
아들아, 딸들아

말모이

항간에 이런 말이 돌지 아니합니까. 일어하고야 살 수 있니.
영어도 하여야 한다, 아니 영어만 하여도 못 쓰지, 아라사도 하여야지
이거 우습고도 기막힌 말이올시다.
조선 놈은 평생 남의 종노릇만 하다 말자는 것 아닙니까.
말의 자주가 없이 국가정치의 자주독립도 없습니다.*

그때나 지금이나
아찔하다
언젠가는, 꼭 언젠가는 다시 찾게 될 우리말과 목숨을 바꿨던
목숨으로 말하고 있는 우리말
평생 남의 종노릇만 하다가

지구촌을 뒤덮은 한류를 상상이나 했을까
사람이 모이면 말이 모이고 말이 모이면 뜻이 되고
말 속의 우리
말 속의 정신
그래서 또 아찔하다
너무 쉽고 빠르게 신조어와 줄임말이 난무하는 시대
우리말도 통역이 필요한 시대라니
그저 흐름이라고, 시대를 읽고 앞서간다는 착각
이미 오래 전에 먼지 쌓인 말모이
보이지 않는 무서운 문화 식민의 시대
무심하다가, 모르다가, 잃어버린다면
잃어버린 줄도 모르고 히히덕거린다면
한번쯤 판수**가 되어
연애편지를 읽듯
한 줄, 한 장 말모이를 넘겨볼 일이다

*정열모(鄭烈模, 1895~1967) : 국어문법학자. 충북 보은 출생.
1915년 경성 제일고등보통학교 교원 양성소(제2종생) 졸업.
1925년 일본 와세다 대학 일본어과 졸업.
1925년 서울 중등학교 교원, 김천 고등보통학교 교원.
1942년 조선어학회 사건으로 체포.

**판수 : 영화 〈말모이〉에서 (유해진 분). 극장에서 해고되고 아들 학비 때문에 조선어학회 대표 류정환(윤계상 분)의 가방을 훔치다 붙잡혀 엉겁결에 우리말 편찬 사업에 투입되었다.

한수재 2003년 《우리시》로 등단. 시집 『싫다가도』, 『내 속의 세상』, 『그대에게 가는 길』 있음.

불변의 진리

홍 사 안

민족의 성산(聖山) 백두산 천지에서
대한민국 만세를 힘차게 외치고 나니
갑자기 애국자가 된 양 가슴 뿌듯했는데
두만강의 도문교 중간 지점에 이르러
북한 땅을 코앞에 두고 건널 수 없는
안타까움을 뒤로 한 채
언젠가는 통일된 그날의 꿈을 안고

수많은 항일독립투사들이 숨 가쁘게 다녔던
항일 무장투쟁사가 새겨진 연변 땅을 달려가는데
현대사에 박식한 안내자가 차창 밖을 향하여
'바로 저곳이 일송정*이 있던 곳' 이라고 말하자
누가 먼저랄 것이 없이 '일송정 푸른 솔은…'
선구자 노래를 목이 터지라 합창하면서
애국심에 불타 단 하나 목숨까지 아끼지 않았던
우국 충정들의 모습을 깊은 존경심으로 그려보면서

별빛 찬란한 민족교육의 요람이었던
윤동주 시인이 다녔던 용정중학교에 다다르니
역사의 흔적이 고스란히 배어 있는 시인의 전시실
항일운동을 하다가 일본 후쿠오까 형무소에서

생체실험 대상으로 이름 모를 주사를 맞고
젊은 나이로 비참하게 옥사(獄死)한 시인을 떠올리며
시비에 새겨진 '서시(序詩)'의 순전함이 온몸으로 전율되어
그 준열함 앞에 한동안 아무 말도 할 수 없었다

위대함이란 바로
영혼으로 쓴 시가 영원히 읽히는
조국에게 바친 죽음이 영원히 기려지는
가슴에서 가슴으로 쓰여 져 100년에서 또 100년
숭고한 3·1정신은 역사의 승리라는 불변의 진리

*항일독립운동 당시 한민족의 기상을 상징하는 일송정은 용정고개를 오가던 독립투사들이 그 그늘에서 잠시 쉬어 가던 곳이었는데, 일본은 1938년 사격 연습용 과녁으로 이용하다가 나무에 구멍을 뚫어 쇠못을 박아 고사(枯死)시켰다고 한다.

홍사안 1991년 《문예사조》로 등단. 시집 『당신의 나무』 외 4권, 칼럼집 『모퉁이의 이야기』 등 펴냄. 허난설헌문학상, 영랑문학상 수상.

제3부

아직도 가시지 않은 아픔

백비(白碑) 외 1편

강 영 은

내 몸에 함부로 손대지 마라.

비문을 정으로 쪼아 뭉개고 땅에 묻어버린 자, 비문에 이름 새기기를 좋아하는 자, 비문을 무덤의 표석으로 세우고 싶은 자.

왼쪽으로 가자고 왼쪽 옆구리를 차는 자, 오른편이 낫다고 오른쪽 팔뚝을 잡아당기는 자, 이쪽도 저쪽도 아니라고 중심을 버리는 자, 나만 옳다고 깃발을 내거는 자,

손에 피 묻힌 자, 총탄을 쏘는 자, 말 폭탄을 퍼 붓는 자, 역사로부터 도망치는 자, 자연을 외면하는 자, 섭리에 불충한 자,

하늘과 바람과 별을 이해하지 못하는 자, 슬픔을 차별하는 자, 통곡할 줄 모르는 자는 더욱,

나는 평화와 상생의 돌, 희디흰 얼굴뿐이니 어떤 색깔로도 나를 화장(化粧)하지 말라. 백세(百世) 뒤에도 천세(千歲) 뒤에도,

내가 죽으면 절대로 나를 일으켜 세우지 마라.

인화(印畵)

엄마 입술은 검게 드러나네
엄마가 입은 초록 저고리는 더 검게 봄빛을 드러내네
엄마가 꺾어준 동백꽃 모가지를
뚝뚝 따고 있었지만
산으로 간 외삼촌과 뭍으로 떠난 아버지 사이에서
빼꼼히 내다보는 흰색이 싫어,
엄마 눈 코 입에 돋아나는 흰색이 싫어,
검정 크레용을 꺼내 마구 칠했던 그 봄
찔레꽃 사이사이 숨어들던 외삼촌도
푸른 물결 넘던 아버지도 사진 속에서 사라졌네
한낮의 태양 아래 비명 없는 무덤이 출몰했네
남은 건 검고 울창한 배경뿐인데
움트는 새싹조차 숨을 죽이는
색맹(色盲)의 계절
엄마 눈가에 흘러내리는 검은 색이 좋아
엄마 눈물 감추어 주는 검은 봄이 좋아
엄마가 남긴 흑백사진을 꺼내 보네
해마다 4월이면 지워진 얼굴을 다시 그려 넣네
늙은 팽나무 가지가 참새부리 같은 이파리를 내밀 때
채 피지 못한 그 날의 봄을 다시 그려 보네
동백꽃 붉게 떨어뜨리는 봄비에 젖어 흐느끼는
내 안의 봄을, 만화방창(萬化方暢)
피워보는 것이네

강영은 2000년 《미네르바》 등단. 시집 『최초의 그늘』, 『마고의 항아리』 외. 한국시문학상 수상.

언제나 3 · 1혁명인 사람 외 1편

고 광 식

정수리의 통증을 해에 맞춘다 나는 언제나 3 · 1혁명인 사람

아우내 장터에서 일본도에 오른팔이 잘렸다
분노밖에 채운 것이 없어서, 피가 더 많이 흘러나오지 않아서, 목숨이 쉽게 끊어지지 않아서, 일본군의 욕설이 흥건히 고이는데, 나는 언제나 3 · 1혁명인 사람

이 땅의 어긋난 해를 다시 정수리에 맞춘다

떨어져 나간 오른손 대신 든 왼손의 태극기

알몸뚱이로 칠성판에 누워 전기 고문을 당했다
친일 경찰이 전기의 강약을 조절하지 못해서, 몸이 나뭇잎처럼 말라 버려서, 말이 분절되어서, 독립이 자꾸 늦춰지는데, 나는 언제나 3 · 1혁명인 사람

적폐 언론이 글자를 무작위로 배열하고
3.1혁명 때 신문을 붉게 페인팅한다 허공을 긋는 별똥별, 빅뱅, 핵실험은 시공간이 겹칠 때만 평화일 것이다 그러니 뱀의 혓바닥으로 교체해줄게

분단국시대의 이념이 뒤틀리며

깬 의식들이 높이뛰기를 한다

아우내 장터 만세를 해에 맞춘다 나는 이를테면 3·1혁명인 사람

세월호 통증

탈진해 쓰러진 고래를 북위 34.2181° 동경 125.95°에서 응급처치 중이다 사내는 지난봄 구름 문자로 사망 통보받은 고래의 길 잃은 동선을 샅샅이 살핀다 노란 리본으로 표시된 심장이 붉다

고래가 흘린 땀도 가져와 침몰선 안에 쏟아놓는다 헛기침 가슴에 고정해 놓고 땅땅, 망치로 지느러미 힘차게 두드려댄다 항적 기록으로 무너진 벽을 아스라이 쌓아 올린다

찢어진 맹골수도를 실로 꿰맨다 사내는 고래가 헤엄쳐야 할 만큼의 시간을 만드는 중이다 태양이 바뀔 때마다 핸드폰 여는 소리로 의자가 꿈틀거린다 잃은 좌표 부근 뭉게구름이 꼬여 길게 늘어진다

망치질이 끝나자 고래 울음소리 새어 나온다 단단해진 수평선이 직선의 길 펼친다 무너진 바다에서 지느러미가 움직여 발신음을 만든다 고래가 물을 뿜기 시작한다

고광식 시인, 문학평론가. 1990년 《민족과문학》 신인문학상에 시로, 2014년 서울신문 신춘문예에 문학평론으로 등단.

김복동 할머니 장례행렬에서 외 1편

공 광 규

이월 첫날 겨울 날씨는 매섭고
서울시청 외벽에 걸린
'후손들은 마음 놓고 살아가는 것이 나의 소원입니다'
라고 쓴 거대한 현수막과
얼굴 주름이 가득한 할머니 사진
그 아래 서울광장에는
고운 꽃다발을 얹은 검은 영구차
열여섯 살에 동네 구장과 반장과 일본군에 속아
위안부로 끌려가 참혹한 시간을 보내다
돌아와서 숨어살았다는
너무 이른 나이에 상처를 입어
사랑은 냄새도 맡아보지 못한 과일이라고 표현했던
그러다 거리에서 세계 곳곳에서
야만의 역사를 고발했던 할머니
'일본군 성노예 조속 사죄'
'평화로운 세상을 아이들에게'
'나 같은 희생자 다시없기를'
'역사를 잊은 국민에게 미래가 없다'
이런 수십 개 만장과
'나비 되어 훨훨 날으소서'
'평등 생태 평화-노동당'

이런 깃발들
'제 큰누님도 친일 부역자에게 속아
위안부로 팔려갈 뻔하다가
운 좋게 겨우 빠져 나오셨답니다'
라고 쓴 피켓을 든 노인
나는 가슴에 검은 근조 리본을 단 군중들과 함께
소녀들이 밤새워 만들었다는 노란 종이나비를 들고
일본 대사관 앞을 향해 행진하고 있다

어느 행정학자의 말이 떠올랐다

내가 대학 졸업 무렵 낸 시집이 '대학 일기' 였는데
시 내용이 현실 부정적이고
교외 단체에 가입하여 활동도 하고
이런 이유로 공기업에서 다섯 명이 집단해고 되었는데
2년 8개월 동안 해고 무효소송을 하였는데
회사 측 변호사도
유명한 매판 로펌 대표였지만
당시 대법원 판사가
나중에 유력한 대통령 후보가 된 대법관이었다
인터넷을 검색해보니
그의 아버지는 왜정 때
조선총독부 해주지방법원 검사국 견습생이었다가
해주지방법원 송화지청과 서흥지청 검사서기 겸

통역으로 일했다고 한다
일제에 맞서 독립투쟁하던
'재령반제청년동맹' '수양산(?)반제청년동맹' '반일독서회' 등
각종 청년단체와 반일애국단체들을 파괴하고
숱한 독립운동가와 우국지사들을 색출하여
취조하고 처형하는데 앞장섰다고 한다
우리말과 글과 역사를 가르치는 야학들을
모두 폐쇄시켰고
왜놈들이 하는 징병과 정신대 모집에
사람들을 강제로 잡아들였다고 한다
그는 해방 후에 변호사로 둔갑했고
그의 아들도 가업으로 법관이 되어
그런 아버지를 청렴 강직 칭송받았던 공무원이라고
비호했다
이런 대법관 앞에서 정의로운 판결을 기대했었다니
일생에 부끄러운 일 가운데 한 가지이다
'나라가 망해도 국권을 되찾아도 관료집단은 그대로' 라는
어느 행정학자의 말이 떠올랐다

공광규 1986년 월간 《동서문학》 등단. 시집 『소주병』, 『담장을 허물다』, 『파주에게』 등과 산문집 『맑은 슬픔』이 있음.

내 머리를 스치는 장면

공 정 배

내 어린 시절 학교 가는 길
만경 뜰 너른 들판 위에
덩그러니 서있는
하시모토 농장 사무실이 있었다.

그러니까 1926년에 세워진
낯설기만 한 건물하나가
주변 초가집들을 초라하게 만들고
농지세를 올리겠다고 으름장을 놓아
토지를 헐값에 걷어 들이거나
고리대금을 통해 논을 담보로 잡아
땅 늘리기에 혈안이 되었다지

논바닥에선 나락들이 흔들흔들
눈물을 흘리며 안녕을 외칠 때
해마다 늘어가는 소작인들
굶어죽지 않기 위해
하시모토 농장 마당에선
매일매일 곡소리가 흘러나왔다는데
그 곡소리를 훔치는 놈들도 있었다지

아마도,
말을 타고 다녔을 하시모토가
누런 황금 들녘의 천하통일을 꿈꾸며
휘청거리는 나락들 사이에서
신명의 춤을 추었을 테지

세월이 지난 오늘도
그곳 사무실에선
낫과 곡괭이를 들고
목숨을 걸었던 사람들과
그 목숨을 훔치는 사람들 사이의
필름은 계속 돌고 있다.

공정배 1989년 《노동해방문학》, 1990년 《한길문학》으로 작품활동 시작, 시집 『모여살기』 상재. 현재 덕소고등학교 수석교사 및 한양대학교 겸임교수로 재직 중임.

삼일 태극기가 울고 있습니다 외 1편

김 광 철

대한독립만세를 외치던 아우내 장터의 태극기가 울고 있습니다
일제의 주구 노릇을 한 자들이 국립묘지에 묻혀서 애국자라는 것을 보며

평남 사천 장터에 하늘 높이 치솟아 조선독립 만세를 외쳤던 태극기가 울고 있습니다
김정은 위원장의 서울 답방 반대를 외치는 태극기를 보며

제암리 삼일 영혼들이 흔들다 못에 박혀 불타버린 태극기가 울고 있습니다
부일 매국노 자손들이 권력을 틀어잡고 호위 호식하며 흔드는 태극기를 보며

달구벌을 뒤덮었던 이만 삼천 개의 태극기가 울고 있습니다
항일과 민주의 성지가 친일과 독재의 몸통이 되어 흔들리는 태극기를 보며

익산의 문용기 선생의 오른팔이 일본칼에 잘려 나가면 다시 왼팔에 들고 또 잘리면 온몸으로 절규했던 태극기가 피 흘리며 울고 있습니다
다카키 마사오의 딸이 국정 농단도 부족하여 제 아비의 친일, 독재 행적을 덮으려는 태극기를 보며

이팔 재일 조선 유학생들이 낭독하며 흔들었던 태극기가 울고 있습니다
친일파가 재벌로, 언론으로, 사학으로, 종교로 권력을 틀어잡고 삼일을 부정하고 일본 피가 흐르는 전직 대통령의 건국절을 지지하며 흔들리는 태극기를 보며

만주 용정 하늘을 뒤덮었던 태극기가 울고 있습니다
사드를 불러들이고, 강정 해군기지를 지지하고, 국군 통수권 인수를 반대하며 미국기와 이스라엘기와 함께 흔들리는 태극기를 보며

반도 역사에서 최초로 민주 공화정을 세웠던 일백만 태극기와 횃불은
일천 칠백만 촛불로 이어져 부정한 권력을 끌어내린 민주 혁명이었습니다
피 흘리고 찢기며 자주, 독립, 민주를 외쳤던 삼일의 태극기가
오늘은 남과 북으로 찢기고 사이비 보수의 손에 더럽혀져
그 고름을 쥐어짜며 울고 있습니다

일본 땅에서 맞는 삼일 일백 주년

1.
북한 핵 문제로 곧 전쟁이라도 터질 것 같던 시절
'생명탈핵실크로드' 일본 후쿠오카 구간의
고모리역에서 만난 재일 동포 배동록 할아버지

160센티도 안 될 것 같은 키에 깡마른 체격, 짙은 눈썹

연자주색 한복 바지와 저고리를 입고
한 손에는 한반도 깃발이 들려있는 손

해방은 되었지만 돌아가지 못하는 땅, 한국
조총련 소속이라는 이유 때문에
일본 땅 한 동네에 살면서
형과 동생이 국적이 다르단다
형은 조선이요
동생은 한국이라
한 아버지, 한 어머니 자식의 나라가 다르다니
피도 푸른색, 붉은색으로 애초부터 나누어 받았던가?

형은 할아버지 성묘도 못 한단다
전향서를 강요하는 야박한 세월에
인권 이전에 국권이 먼저인 시대
혈육의 천륜을 이념이 장벽이 되어 버티고 있었다
내 국적이 남이면 어떻고 북이면 어떤가
흡수 통일의 논리는 이곳 일본 땅에서도 다름이 없다

남북 정상이 만나고, 이산가족 상봉도 한다는데
촛불이 타면서 외쳤던 적폐의 이름으로
이제는 벗어던질 때도 되지 않았는가

2.
배씨 할아버지는 '생명탈핵실크로드' 순례단을 야하타 제철소로 이끈다
미국 원폭의 목표물이었던 이 제철소가 구름에 가려 하늘이 살려,
대신 나가사키가 희생되었다는 역사의 한 줄을 읽어준다
태평양 전쟁이 한창일 때 육천 명의 조선인 노동자들이 강제 징용되었

다는 제철소
아버지는 이곳에 끌려와 쇳물을 퍼내는 일을 했고
어머니는 철광석을 나르는 일을 했다
하루 12시간씩 중노동에 시달리면서
강제 징용된 한국인 15살 소년은 너무 힘들어 하루 쉬겠다고 했다가
공장 감독에서 몽둥이 얻어맞아 죽었다는 이야기며,
그 제철소가 세계문화유산으로 등록되던 날, 어머니는
'조선인들을 강제 징용하여 중노동을 시켰다'
이 한 구절을 기록에 넣으라고 싸우고 또 싸웠건만 허사였다
세계 제2의 야하타 제철소는 그렇게 조선인들 한을 간직한 채 역사 속으로 사라졌다

어머니는 그 서럽고 고통스러운 시절의 이야기를 일본인 학생들에게 알려내려고
막내아들과 함께 일천 개의 학교를 찾아다니며 외쳤다
"일제가 조선인들을 괴롭힌 것을 반성하고, 남북한과 원수가 되어 싸우지 말고 평화롭게 살아야 한다"
그 어머니는 돌아가시고 안 계신다
그 일을 배 할아버지와 누이, 조카들이 이어받았다
배 할아버지는 허리춤에 차고 있는 복주머니를 보여주신다
한국에서 주문해서, 찾아가는 학교마다 학생들에게 나누어 주신다며

3.
삼일 투쟁, 임정 수립 일백 주년
일제 패망 칠십사 년을 맞아서도
일본 제국주의 망령은 아직도 일본 하늘 아래 어슬렁거린다
독일과 같이 제대로 된 반성과 사과도 없이
독도, 위안부, 2차대전 전범 신사 참배, 일본 전투기의 국경 침범, 북한

과의 외교 문제…
　일본의 끊임없는 도발
　남과 북, 전 세계에 흩어져 있는 겨레여
　임란과 동학, 을사늑약, 경술 병탄, 일제 36년
　어찌 잠시라도 잊을 수 있겠는가
　늘 깨어 있으며 경계함에 소홀함이 있을 수 있겠는가

김광철 2011년 시집 『애기똥풀』로 작품 활동 시작. 시집 『제비콩을 심으며』, 동시집 『별의 꿈』 있음.

날아라 모자 외 1편

김 명 은

좀처럼 모자를 벗은 적 없는 노인이
검은 모자를 벗고 아이들 영정 앞에 머리를 숙인다
나는 그 노인의 죽음 앞에서 더 깊이 고개를 숙일 것이다

그들의 공주 일본군 장교의 딸을 위해
태극기를 흔드는 붉은 시위대의 행로
내 눈은 아직도 노약자석을 경로석으로 읽는다
불편해하거나 차가워지는 청년과 노인의 대립을 본다

두 손 묶이고 용수를 쓴 사람들 아들은 전쟁터로
딸들은 위안부로 끌려간 백년 시간이 흘렀는데

걸핏하면 반공을 팔아대는 더러운 권력은
국민을 개돼지로 보는데
컹컹 물어 죽여야 하나 맞아 죽어야 하나

나와 너 우리는 서로를 벗어나지 못하고 껴안지도 못하지
머리 위에서 내려오지 않는 검은 모자
지켜내지 않으면 뽑힐 수밖에 없는 한 그루 나무 푸른데

불길

죽음이 들불처럼 번졌습니다
불은 구들을 지나고 아내는 숨을 참고
아궁이 속으로 불붙은 나뭇가지를 밀어 넣었습니다
감추려는 눈물이 자꾸만 흘러 내렸습니다
따뜻한 밥이라도 먹여 보내고 싶은 마음과 살뜰한 손길
검은 솥뚜껑을 열었습니다 궁핍한 살림
아이들 부탁한다 잡아주는 손
식민이 독립을 얻기까지 그 고통을 알았습니다
불덩이 가슴에 안고 빈틈없는 불의 보법으로 망설임 없이
얼음판 위에서 불씨를 옮기듯 숨죽여 떠난 사람들
세상은 달라지지 않을지 몰라
견뎌낸 날들보다 견뎌내야 할 날들이 많았으므로
저항의 눈빛 속에서 길이 출렁거렸습니다
출렁거리는 뜨거운 불길이 건너 왔습니다
여기에서 어디로 얼마나 가는 걸까
꺾이고 휘어져 보이지 않는 길로 들어선 그날부터
이미 죽은 아내의 몸이 납작해졌습니다

김명은 2008년 《시와시학》으로 등단. 시집 『사이프러스의 긴 팔』이 있음.

지금

김　문

백년과 백년 사이에 있다
누렇게 찌든 문고판 서책 페이지 같은
낯익은 얼굴들, 시간의 바코드
우리는 지금 지난 백년과 도래할 백년 사이
현존재로 있는 것이다
삼일 백년은 죽음이 유일한 무기였다
죽음은 날로 풍성해지고 생은 화살촉처럼 예리했다

여기서 숙소까지는 얼마나 됩니까?
총을 쏘면 맞을 거리에 있습니다*

과녁을 지고 살아온 삼십육 년이
총을 쏘면 맞을 수 있는 사정 거리가
뜨겁게 저항하고 치밀하게 맞섰던 우리 삼일 선대들이
죽음, 그리고 죽음보다 처절한 생을 지불하고
되찾은 나라 그 절반
옆구리에 총알이 박힌 채 평생을 살다 간 아비를 안다

도래할 백년을 생각한다
선대의 피흘림에 젖지 않은 곳이 어디인가

도시는 거대해지고 삶은 지치고 왜소해져가고
사회안전망이 불안증을 앓고 있다
참과 거짓의 경계가 불투명한 바벨의 언어들
가짜뉴스의 격렬하고 무분별한 사위들
우리는 지금 어디로 가고 있는 걸까

지금,
서있는 자리가 진동하고 있다

*니코스 카잔차키스의 「그리스인 조르바」 중에서 빌려옴.

김 문 2016년 《시와표현》으로 등단.

미제 사건

김 민 곤

그 날이 오면
드는 칼로 제 가죽을 벗겨 만든 북을 들쳐 메고
육조 거리를 내달리겠다고 절규한 시인이 요절한 이후
일어난 수많은 사건이 미제다.

남북 분단
해방 정국 친일파 대거 등용
찬탁 반탁 좌우 대립
미소공동위원회 결렬
몽양 백범 여러 애국지사 암살 사건
단독정부도, 제주 4 · 3도 미제다.

반민특위 해체도
이름도 없이 아직도 끝나지 않은 전쟁도
보도연맹 대학살 참극도 미제다.

이승만 독재
박정희 5 · 16 군사 쿠데타
삼선개헌 유신체제도, 10 · 26도
12 · 12도 5 · 17 전두환 일당 내란도
광주 민주화 운동도 미제다.

1987년 6월 항쟁도, 6 · 29 선언도
1991년 3당 야합도, 우루과이 라운드, WTO도
1994년 전쟁 위기도
1997년 외환위기 IMF 체제도, DJP 연합도 미제다.

노무현 자살도
이명박 4대강 삽질에 자원 외교도
박근혜 최순실 권력 농단도
416 세월호 참사도, 강정 해군기지도, 성주 싸드 기지도
촛불 혁명도
종전선언도 평화 협정도 모두 미제다.

그러니까 동학농민혁명, 3 · 1혁명은
여전히 진행 중인 미제 사건이다.

김민곤 2016년 시집 『우포 주막』으로 작품 활동 시작. 전교조 전 부위원장.

꽃의 이유 외 1편

김 왕 노

목숨을 버리며 까지 이 땅 지킨 사람 많다.
많은 사람들이 이 땅의 주인임을 자청하면서
주인이라면 마땅히 주인노릇이 있다면서
강점하는 칼과 총탄에 맨 몸으로 맨 손으로 맞섰다.
그렇게 목숨을 버린 자리마다
피는 꽃이라 더 아름다운 것이다.
해마다 견딜 수 없이 많은 꽃이 피고
빛나는 별이 하늘을 뒤덮는 것도 다 그들 때문이다.
주인은 끝내 초계같이 목숨을 버리면서까지
주인을 내세우나
단 한 번의 목숨 아깝지 않는 자 누구일까.
오늘도 나의 주인이 나라는 정체성도 없이
나는 부평초 같이 떠돌고 있다.
나의 독립을 독자성을 원하지도 않으면서 떠돈다.
내 영혼이 머물 집이 나라는 것도 잊었다.
이제 나도 옛날 목숨을 버리면서 독립을 외친
사람처럼 나의 독립을 외칠 것이다.
내 하늘로 흘러든 남의 하늘을 허옇게 물어뜯으면서
그 때마다 꽃이 피어나고 별은 푸를 것이다.

끝나지 않는 이야기

일제 때 순사 앞잡이였던 영철이 아버지가 죽었다.
일제시대는 끝났는데 일제보다 더 오래 살았다.
일제보다 영철이 아버지보다 더 오래 사는 것은
영철이 아버지의 고자질로 잡혀 고문으로 죽은
순이 할아버지의 독립운동이야기다.
노름으로 그 많은 논밭전지 탕진했다지만
실은 노름한다는 소문을 내고 노름판에 드나들며
노름 빚 갚는다고 논밭전지 하나 둘 팔아치워
군자금으로 보낸 것을 영철이 아버지가 찌른 것이다.

일제 때 힘 있는 일제 편을 들고 일제를 찬양한 시인도 있고
일제에 찰싹 붙어 권력을 얻어 일제보다 더 악랄하게
동포를 괴롭힌 자 많다.
영원하여라, 일제여 하며 일장기 흔든 자도 많다.
그런 자의 자손 지금도 호의호식한다.
그런 수구 같은 놈 참회도 없이 멀쩡한 것은
그들을 두둔하는 사대주의자가 많기 때문이다.
인간은 힘 있는 곳에 의지한다지만
근본도 뭐도 버린 배알 없는 수구 수두룩하다.

영철이 아버지의 죽음에 대해 마을 사람 고소하다 했지만
나는 두 손을 모아 명복을 빌었다.
말년에 집을 외딴 곳으로 옮기고 동네 대소사에 끼고 싶으나
겉으로 기름방울처럼 떠돌며 밤이면 아카시아 숲에서 참회의 트럼펫을

뼈아프게 하늘로 불어대던 것을 알기 때문이다.
그 때의 영철이 아버지의 슬픈 눈동자가
오늘 밤하늘에 별로 박혀 있다.

김왕노 매일신문 신춘문예 당선. 시집 『이별 그 후의 날들』 등 10권 있음. 한국해양문학대상, 박인환 문학상, 한성기 문학상 등 수상. 현재 《시와 경계》 주간. 한국시인협회 부회장.

할머니의 편지 외 1편

김 윤 환

8 · 15는 나의 광복절이 아니었어
8 · 15는 나의 해방절이 아니었어
돌아왔으나 돌아갈 수 없는 내 고향
돌아왔으나 돌아갈 수 없는 내 청춘
한 평생 감추며 숙이며 사는 동안
나의 해방의 날은 단 하루도 없었다고
나의 광복의 날은 단 하루도 없었다니까

열여덟 채 여물지도 않은
내 청춘을 앗아간 그 세월에게
묻고 또 물었네
내가 왜놈들에게 무슨 잘못을 하였나
내가 내 나라에 무슨 죄를 지었나
까닭도 모른 채 어디인지도 모른 채
내 인생을 짓밟은 그들이
무릎을 꿇고 눈물로 잘못을 고백할 때까지
나의 전쟁은 끝나지 않았다고
빼앗긴 내 청춘, 멍들은 내 가슴에
두려워 떨며 용서를 구할 때까지
나의 광복은 오지 않아

나는 죽어서도 그들이
우리에게 진심어린 용서를 구하면
그 때 해방을 노래할 거야
나는 죽어서도 그들이
내 민족, 내 동포에게 무릎을 꿇고
평화의 꽃을 내밀면
그 때 나는 비로소
하늘에서라도 광복을 꺼이꺼이 노래할거야

그러나
아직은 나의 해방은 오지 않았어
아직은 나의 광복은 오지 않았다고

해방의 조건

1945년, 그때 태어난 아버지는 미군의 봉급을 타고 동남아 작은 나라 베트남에 파병되었다 3년 만에 상이군인이 되어 돌아왔고 철제 훈장 하나와 미제 TV와 전축 그것으로 장가를 들었다 그로부터 다시 30년 뒤 그의 아들이 미군의 봉급을 타고 중동의 어느 나라 미국의 해방 전쟁에 파병되고자 군화끈을 고쳐 매기도 했다 이상하다, 아버지와 그 아들의 총부리가 제 동포를 향하다가 문득, 자유와 인권과 민주주의라는 이름으로 일면식도 없는 이방인들에게 총부리를 들이대는 이상한 해방군이 이 땅에 있다 그들이 내건 해방의 조건은 동포에게 총질이다, 이웃에게 총질이다 그들이 내건 해방의 조건은 그저 내 목숨의 오랏줄을 그들에게 맡기는 것이다

아, 이상하다 이상하다 1945년 이후 70년간 이 이상한 해방이 마침내 율법이 되어 오늘도 한반도의 젊은이를 번제로 화목제로 해방의 제물로 보낸다 분단만이 해방의 조건이다 겁박과 돈이 해방의 조건이다

응답할 수 없는 이 초월적 해방에
오늘도 나는
머리를 떼어놓고, 심장을 떼어놓고
해방의 공간을 떠돈다

민족의 해방군이여,
아, 민족의 훼방꾼이여

김윤환 1989년 《실천문학》으로 등단. 시집 『그릇에 대한 기억』, 『까띠뿌난엣 만난 예수』, 『이름의 풍장』 외. 제3회 '나혜석문학상' 수상.

말당 문학상 외 1편

김 재 진

내 시의 8할은 바람이었으니
변절일랑 날려 보내 주오.
변절이 아니라 그 또한 바람의 속성이니
이리 불어갈지 저리 불어갈지 모르는
능청스런 그 속성을 친일이라 말아주오.
너무 순수해 불순한
변함없이 나를 찬미하는 시인님들은
8할을 뺀 2할 속에 다시 한번
국화 향기와 소쩍새의 울음 소리나 새겨주오.
연꽃 만나러 가는 바람 같은 8할의 치욕을
눈물 아롱아롱 혓피리 불고 가신
정신 빠진 님처럼
매화인지 국화인지 매국인지
돌아와 거울 앞에 선
내 누님 같은 삼일절일랑 이제 다시
돌아오지 말았으면 좋겠구려.

육혈포

위구르의 밤, 티베트의 밤
그날, 조선의 밤
오성홍기 휘날리는 라싸의 사원에서
실크로드의 한 끝 카쉬카르의 빈관에서
나는 듣는다. 밤이 수군거리는 소리를.
거사 전날의 숨죽인 기침소리와
태극기 준비하던 은밀한 손놀림을.
나는 듣는다. 이역만리 카쉬카르의 빈관에서
육혈포에 실탄 장전하며
제국주의의 심장마다 총구를 겨누는.

김재진 1976년 영남일보 신춘문예 당선. 시집『산다고 애쓰는 사람에게』등 출간.

봄, 꽃잎에 물든 문신 외 1편

김 준 철

피어지지 못하고
피고지지 못해서
그게 서러워 우는 게 아니다
피 흘리고 지워지고
피 흘리며 지워져서
그게 아파 이러는 게 아니다

시들어 꺾이기 전에
향기조차 가지기 전에
찢기고 뽑힌 게
이제와 한스러운 건
더더욱 아니다

컹컹컹
어둠은 개떼처럼
시시때때로 상처를 후벼 파고
신음은 매일 밤,
비명처럼 이어졌다

비명이 울음이 되던 밤,

꺽꺽꺽
기어코 봄은 왔다
여린 꽃잎은
문신처럼 지워지지 않는 색을 드러내고
마른 땅, 깊숙이
물기 어린 흙을 움켜쥔 뿌리는 아귀에 힘을 준다

거슬러 오르면
봄이 아닌 날이 있었을까
단 한번도 피지 못했으나
종국에는 지지 않는 꽃으로

내내 봄인 것이다

봄을 봄

그것은 단단한 벽이었다

그 어떤 비명도 새어나가지 못하는,

날개를 가지고도 날아오르지 못할 높은 벽이었다

거친 호흡 같은 바람만이 제자리에서 맴도는 절망의 벽이었다

늙고 노쇠한 어미의 마디마다 박힌
굳은 살 같은 벽인 것이었다

살아내기 위해
사라져가는

내가 살기 위해서가 아니라
네가 살고 우리가 살기 위해

끊임없이 부딪히던 단단한 벽

갈라진 굳은살에 씨가 박히고
박힌 씨 위에 뜨거운 피가 뿌려지고
다시 그 위에 순백의 비명이 내리고

봄은 더디지만 꽃을 부르듯
차가운 벽에 온기가 담기고
쌓이고 뭉쳐져
그 벽을 끌어안고 터져 흘렀다

태연하게 봄은 지나가고
태연하게 봄은 돌아왔다

그때는 단단한 봄이다

김준철 《시대문학》 시부문 신인상. 《쿨투라》 미술평론 신인상 수상. 시집 『꽃의 깃털은 눈이 부시다』, 『바람은 새의 기억을 읽는다』 있음. 현 미주문인협회 이사 겸 출판편집국장. 《쿨투라》 미주지사장 겸 편집위원.

검은 입 속의 사과 외 1편

김 지 명

나는 사과입니다
누구의 입 안에 맴도는 사과입니다
한 번에 와~삭 깨물어 씨앗까지 깨물어
민들레 포자처럼 날아가
땅 속 애기사과로 거듭나기 원하는 사과입니다
머뭇거리는 것은 순진이 아닙니다
순진은 하늘색 나무색 바다색 무지개빛으로
일렁이는 3월의 목소리입니다
보폭이 다른 걸음으로
농담이 다른 색감으로
변온동물처럼 변하기 직전의 두근거림입니다
그래도 지난 얼룩은 얼룩인지 시원한 원색은 불가합니다
나는 파랑입니다
주도면밀한 계산들
휴지조각 된 문서들
수정수정으로 덧난 기록들
번복반복으로 깨진 망언들
큰물로 씻어내는 파랑입니다
나는 옹알이하는 사과 말고
목소리 온도 쾌청한
순도 높은 붉은 사과입니다

그러면 아직도 목에 걸린
검은 입 속의 사과는 누가 꺼낼까

친구

굽어진 길을 가다보면
신념도 구불구불한 걸까

니 속에 나 있지?
2:8 가르마 머리로 연미복을 입고 있지만
옛날엔 모자라 왜소해
내 것을 퍼간 건 잊을 수 없지
그래서 너랑 나랑 이웃이 되었다는 것
문서 기록이 아니더라도
약속으로 선언한 내용이 아니더라도
세계지도만 펼쳐도 이동 경로 뻔 하잖아
이웃이니까
발칸반도의 화약고는 제거된 지 오래야
물론 발밑 세세한 건 모르지만
서로 세계만방에 고하여 잘못을 발뺌하지는 않잖아
그래 좋은 것은 탐할 수 있어
못 났다고 굳이 인정하지 마
그래도 미안 미안 하면서 팔짱 한번 끼면 되잖아
요즘 온실가스 많아져 더 푸른 바다

더 파래져 아름다운 슬픈 지구
시간이 갈수록 푸르르해진 우리 사이 같잖아
그래 내 안에 너 있어
그럼 더 이상 패악은 부리지 마
구겨진 도로에서 구겨진 생각은 가질 수 있어
처음부터 틀렸다고 말하지 않을게
그렇지만 아르고스의 눈을 기억해
친구

김지명 2013년 매일신문 신춘문예로 등단. 시집 『쇼펜하우어 필경사』 있음.

두 청춘 외 1편
–영화 동주

김 지 희

기댈 기둥도 딛고 설 땅도 없는 청춘
또 다시 밤이 오는 내일
무성한 바람 소리 들리는 후쿠호카 감옥 너머
함성소리 들리는
뼈마디 마디마다 일어서고 싶어요 어머니
강물처럼 흘러가는
뜨거운 피이고 싶어요
이 길은 온통 뇌를 허물어뜨릴 듯한 총칼 소리
어머니 그래도
내 모국어가 깃발처럼 일어서는 땅
울창한 어둠 베어내고 햇빛 따라갈게요 어머니
강물이 넘어져도 잠 깨는 새벽처럼
진흙 속 연꽃처럼 솟아날게요.
땅과 땅 사이 그 울음투성이 길 하나가
시(詩)로 일어서고 있어요
그 길을 태양을 힘주어 안고 갈게요 어머니

인터뷰

녹슨 강물 속
저녁에 기대어 서서 뭐 하시는 겁니까?
보시다시피
책 속에 숨어 있는 조상을 기억하는
동인 상 받는 중입니다
아니 그건 1955년 사상계에서 태어나 환갑을 넘은 상이네요
"천황 폐하 아래서 생사를 같이하고 영고를 함께할 한 백성"
"일본인과 조선인은 지금은 합체된 단일 민족이다."라고
내 모국어를 짓밟은 자를 기리는 상 아닙니까?
올해 하도 받은 상이 없어서요
그 상은 한때 뛰어난 슬픔과 품위
영혼 없는 프로필을 노래하는 상 아닙니까?
받으셔도 마음이 괜찮겠습니까?
괜찮을 리 없지요
생각하면 뺨 몇 대 맞는 느낌이랄까…
그렇다 하더라도 내가
상금을 받을 테니까요…

김지희 2006년 《사람의 문학》으로 등단. 2014년 영주일보 신춘문예 당선. 시집 『토르소』, 에세이집 『사랑과 자유의 시혼』 있음.

건기의 낙타 외 1편

김 혜 천

한민족 말살 음모를 은밀히 감추고
자행한 일제 만행의 거미줄

조선 총독부 행정 요원 일만 오백여 명
헌병 경찰 일만 사천여 명
조선 주둔 일본 정규군 이만 삼천여 명

군홧발에 짓밟히고
태창에 살점 날리던 반도는
하나의 커다란 감옥이었다

토지 약탈
지하자원 강탈
산업의 생사여탈권도 저들이 쥐었다
야수에게 수탈당한 강토를
주린 배를 움켜쥔 채 형틀 지고 걷는 낙타

신문 잡지 교과서 모두 빼앗기고
주인의 무덤이 마구잡이로 파헤쳐져도
입이 있어도 말 못 하고
굴종으로 걸어가는 참혹한 사막

어린 새끼 산 채로 바치고
독약을 삼킨 어미의 가슴을 해독할
물 냄새는 어디에도 없었다

독립했는가

피로 물든 검은 사막에도
먼 곳의 풀 냄새를 맡는 풀뿌리

제 몸의 피를 꺼내 마시며
우우우 돋아나던 사초들

긴 침묵 속에서 포란하던 봉오리
사방에서 팡 팡 팡 터지던 선홍빛 함성

100년 뒤 오늘
우린 과연 독립했는가

치욕으로 앙다문 죽음 앞에
사무라이는 아직 무릎 꿇지 않았다

생명을 구걸하던 자들의 목소리가
광장에서 영웅 대접을 받는 왜곡

나아갈 길을 스스로 결정하지 못하는
오늘, 자주는 아직 오지 않았다

김혜천 2015년 《시문학》으로 등단.

홰나무 외 1편

마 선 숙

보성사 터의 홰나무
조계사로 옮겨져 늠름하다

족보책으로 위장
비밀리에 독립선언서 인쇄하다
일제에 의해 무참히 짓밟힌 보성사

홰나무
역사의 학살현장 온 몸으로 받아내며
묵묵히 선조들의 민족기상 상기시킨다

천둥 번개 우레 속에서
고귀한 시민항쟁정신 일깨운다

홰나무에 귀를 대면
백 년 전 민중들 함성 처절하다

대한독립만세
민주주의만세

구 천원지폐에 얼이 생생하게 새겨진 홰나무는
삼일독립정신의 탑이고 깃발이고 신새벽이다

아! 그 날

독립선언서 민족대표 33인 중
15인을 배출한 민족적 성지 봉황각
그 위에 모신 의암 손병희 선생 묘소에 서면
햇빛도 경건하게 고개 숙이고
바람도 옷깃 여며 조용히 묵념한다

온 산하 경술국치로 잃은 국권 되찾기 위해
거족적으로 봉기한 그 날의 만세운동 기억한다

혀에 자갈 물려 비명에 쓰러졌지만
거룩한 영혼 순결하게 살아
정의로운 민주주의 초석되었다

목숨과 바꾼 서릿발 같은 결기
든든한 거목처럼 대한민국 위해 불침번 선다
독립했지만 더 크고 환한 대한민국 위해
애국선열들의 자주정신
신성하게 외워본다

오등은 자에 아 조선의 독립국임과
조선인의 자주민임을 선언하노라 선언하노라

마선숙 2013년 《시와문화》 시, 2014년 《불교문예》 소설 당선 등단. 시집 『저녁, 십 분 전 여덟 시』, 소설집 『몸이 먼저 먼 곳으로 갔다』 있음. 서울문화투데이 문학부문 최우수상 수상.

만세길 외 1편

박 설 희

고무신 구두 운동화 짚신, 다 함께
거침없이 내달던 길

들이닥친 군홧발과 총칼에
서까래가 내려앉고
기둥이 쿵쿵 넘어지는 소리
밤새 살타는 냄새가 바람에 실려오기도

얼마나 오래, 많은 사람이 걸어왔는지
뼈처럼 희고 단단하게 떠오르는 길
간혹 파 보면
검게 탄 쌀알과 단추, 깨진 도자기와 벽돌
누군가의 태가 묻혀 있다

만세를 외치던 길
첫 이정표에는 독립이라고 적혀 있지만
그게 끝이 아닌 길
길은 길로 이어지고
민주 자유 평화…
계속 이어지는 이정표

빛과 어둠이 내려앉았다 걷히고
비구름과 안개를 몰아내며
더욱 단단해지는
길의 근육

오늘도 그 길을 걸어가는
굳센 정강이들

전쟁은 여자의 얼굴을 하지 않았다*
–김학순 할머니

뒤집힌 치마는
얼굴을 가리고
목구멍을 막았지만

1991년 최초의 증언
"나는 위안부였다"

그 순간을 위해
벼르고 벼린 침묵
암흑 속 칼날이었다
바위를 뚫고 솟아오르는 마그마였다

"아주 펄펄 뛰다가 내가 죽겠어. 내 귀로 직접 일왕의 사과를 들어야지"

여전히 귀향 중인
맨발의 얼굴
분노와 슬픔으로 앞장 선
늙은 전사의 얼굴

다시 태어나면
여자로 살고 싶은

*스베틀라나 알렉시예비치

박설희 2003년 《실천문학》으로 등단. 시집 『쪽문으로 드나드는 구름』, 『꽃은 바퀴다』가 있음.

14살 소녀상, 당신 외 1편

박 철 영

죽어서야 꿈을 이룬
이 땅의 기억 속에서 지워져 버린
전생같이 아득히 멀기만 한
부모 형제 모여 살던
골짜기 저 들녘 너른 섬진강가
복사꽃 같은 소녀 시절 그립습니다
곱디고왔던 철부지 14살
조선 땅 하동 악양에 밀어닥친
일제의 만행도 모른 채
남양군도 이름 모를 전선으로 끌려 다니며
가슴이 찢기고 터져
혼백으로 고향 돌아왔습니다
죽어서도 삭힐 수 없는 분노 가득하지만
되돌릴 수 없는 순정 떠올리며
만장에 사랑이라는 가슴 새겼습니다
떠나온 고향 동구 밖에서
지워져 버린 '정소운' 이라는 이름 되찾아
어머니의 딸로 조국의 딸로
불리고 싶은 것도 죄가 되었습니다
해방 이후 지금까지
조국이 외면한 위안부라는 천형을 짊어지고

거리에서 아직껏 떠돌고 있습니다
속죄하지 않는 일본 군국의 후손 아베와
더럽고 부도덕한 대한민국 권력과 야합한 적폐로
피눈물을 닦아줄 기약 없습니다
대한민국 국민으로 위로받고
일제의 사죄 당당하게 받아
죽어서라도 눈물 거두고 싶습니다
14살 소녀의 꿈 못 다 피운 세월을
하동포구 칠십 리 길 만장 내걸듯
봄마다 벚꽃으로 피겠습니다

*정소운 할머니 헌정 시 : 경남 하동 악양 입석리에서 14세 일제의 침탈이 격화되던 시절 놋쇠 공출에 협조하지 않았다는 죄를 물어 주재소에 갇혀있던 아버지를 풀어준다는 감언에 속아 부산을 거쳐 중국과 사이공 인도네시아 전선으로 위안부로 끌려감.

순천역, 1930년 개통

기적 소리 낭만처럼 들렸던 시절 있었습니다 서울 올라가는 짬에 순천역사 근처 서성이다 연혁 새긴 입간판을 보았습니다 1930년 순천역이 들어선 이후 전라선 철도가 여수까지 1936년 개통되었다고 깨알 같은 기록 충실합니다 순천역 뒤로 철도 종사자들이 쓰던 철도 관사 마을 바둑판처럼 정렬되어 현대판 도시 못지않습니다 당시 역무원들도 일본 황군처럼 제복에 칼을 찬 살벌한 시절 상상해 보았습니다 순천역을 통해 일본으로 물자처럼 실려 간 사람들 어찌 되었는지 그런 기록도 순천 역사의 입간판에 새겨져 있으면 참 좋겠습니다 순천 구시가지 중앙통 뒷골목에 일본식 건물이 검버섯을 들러쓴 채 숨죽이고 있습니다 그 주변 맴돌며 실속 차린 부역자들의 후손이 혹시 주인으로 살고 있는지 궁금합니다 해방 때 줄행랑이라도 쳐버렸다면 민족의 양심으로 이해하겠습니다 그 순천역으로 1948년 10월 19일 여수에서 봉기한 14 연대 군인들이 민족의 양심처럼 쏟아져 올라왔습니다 그 군인들이 친일 했던 사람들 모조리 잡아다 처단했다면 참 좋았겠습니다 며칠 전 검찰 출두 포토라인 거부하며 국민과 정의에 항명했던 전임 양승태 대법원장 얼굴을 한참 보았습니다 일제 강제노역 사건 재판개입 혐의 말고도 이런저런 생각해보면 친일청산 절대 늦지 않았습니다 지금 하지 않으면 민족 팔아먹을 사람들 또 볼 수 있습니다

박철영 2002년 《현대시문학》 시, 2016년 《인간과 문학》 평론 등단, 시집 『비 오는 날이면 빗방울로 다시 일어서고 싶다』, 『월선리의 달』. 산문집 『식정리 1961』 등 있음. '숲속시' 동인.

그 날은 오리라

–3 · 1운동 100주년 기념시

박 학 봉

삼월의 푸른 하늘아
역사의 이 날이 있었기에
백년을 걸어온 길은
천년의 대를 이어 빛낼 것이니
그날의 함성을 더 넓게 울려주어라

나라를 빼앗겨
피멍든 가슴에 쌓인 원한이 얼마나 컸기에
피맺힌 고통에 북받치는 설움이 얼마나 끓었기에
조선민중의 가슴에 차오르는 것이 무엇이길래
200여 만 명이 들불처럼 타오르게 하였는가

나라를 찾겠다고
새날을 밝기만 기다리던 농민과 노동자가
멸시와 천대를 받던 천민이라 눈 뜨고 지새운 밤
백발의 노인부터 어린아이까지 모두 떨쳐 일어나
자주독립을 외치던 조국해방투쟁이어라

식민지 조선아
일제의 칼에 맞아 피 흘리며 숨질 때

너를 믿고 굳건히 지탱하던 그토록 많은 사람들은
누가 오라 부르지도 가라고 떠밀지도 않았건만
새로운 희망은 힘을 모아 싸워야 한다는 것이 한결같은 심정이라

우리의 힘으로 민족해방을
민중의 힘을 믿고 일제 식민지통치를 끝내고 조국의 해방을 찾자고
무기를 들었다 을사조약을 날조한 날강도로
침략자 천년숙적 일제를 멸적의 의지로 가슴을 불태우니
그것이 조선 민중의 힘 무기가 되었어라

사람아, 사람아!
나라 없는 설움에 인간대접 받지 못하는 식민지 노예운명의 사람아
강제징용으로 탄광으로 벌목장으로 군수공장으로 제철소로 끌려가
가혹한 노동과 굶주림과 병과 사고에 맞아서 죽어야 했으니
식민지 노예노동을 강요한 일제의 피 값을 반드시 받아 내리라

영원히 아물지 않는 상처는
고종 황제의 강제 퇴위 그리고 조선 군대를 강제 해산시키고
광물채굴법에 한일어업협정을 조작하여
지하자원 약탈과 수산자원을 마구 긁어 갔으니
세월이 아무리 흘러도 모진 고통 어찌 이겨낼 수 있으리

악명 높은 동양척식주식회사를 조작하여 토지를 강탈하며
민족자본을 가로막는 한국은행을 만들었으니
조선민중에 대한 가혹한 착취와 압박은 식민지정책 기반에
어디 그뿐이랴 조선봉건왕조 관료의 권력을 빼앗고
친일 관리를 임명하였으니 일제가 이 땅의 주인 노릇 모양새 만드네

조선의 운명아
피눈물 나는 운명을 강요한 일제의 죄악을 잊을 수 없어
분노는 던지면 산이 되고 터지면 폭풍이 되니
3 · 1 민족해방운동은 민중이 삼삼오오 모이니 산이 되고
조국 해방의 만세소리 폭풍이 되어 일제 심장에 비수로 꽂히더라

아! 조선의 해방이여, 독립이여
무장에는 무장으로 싸우는 혁명 전사들이 있고
큰 나라를 찾아다니며 구차스러운 청원 놀음하는 사람에
비폭력으로 맞서 식민지 종주국에 매달리거나
시위와 봉기 폭동으로 식민지통치에 타격을 주며 대중투쟁을

그러나
우리는 교활하고 야수적인 일제의 탄압과 맞서 싸우는 투쟁은
증오가 타오르는 가슴에 불꽃같은 무기와
신념을 가지고 무장을 생명으로 하는 식민지 민족 해방투쟁이
기어이 우리 힘으로 자주적 독립 국가를 세울 것이다

보아라 저들의 저지른 학살을
일본 군인이 자행한 제암리 학살사건은 20여구 유해가
한 덩어리로 엉긴 채 발굴되었으니 잔혹한 만행이 드러나는구나
관동대지진 대학살에서 우쿠시마호 폭침까지
강제징용에 끌려간 조선인 800여 만 명이 목숨을 잃었다

두 눈을 뜨고 똑바로 보아라
미치광이 전쟁국가 일제는 들어라
헌법 개정과 군사적 위협행위에 대동아공영권의 옛 꿈을 실현하려고
미일군사동맹으로 제국주의 침략 야망의 흉측한 이빨을 보이는구나

식민지 통치에 저지른 씻을 수 없는 죄악의 댓가는 받아낼 것이니

2천만 겨레의 3 · 1 민족해방운동 정신은
백년이 흘러도 대를 이어 복수하리라는 우리 민족의 의지라
과거의 죄악을 부정하고 전쟁을 미화하여도 몸서리치는
야수 같은 극악무도한 만행은 시효 없는 범죄로 우리가 선고하니
우리 민족의 분노를 넘어 치 떨리고 증오로 부관참시하리라

이제는 솔직히 말하자
미국에 기대어 군사 대국화의 길을 걷는데
그것이 너희의 자멸의 구렁텅이로 가는 길인지 알고 있겠지
세계 평화와 안전을 위해 역사를 되풀이하려는 망동을 버리고
죄를 저질렀으면 죄책감을 느끼고 어두운 과거와 결별하여라

뜨거운 가슴으로
2019년 3 · 1독립만세운동 100주년을 맞이하겠노라
하여 반민족 반통일 친일매국청산 없이 매국 세력 적폐 청산 없이
간절한 기다림으로 반갑게 맞이하려나
통일의 꽃길 만들어 8천만 겨레의 자주 독립 통일 선언문을 맞이하세

박학봉 1983년 '광주 젊은벗들' 동인으로 작품 활동 시작. '분단과 통일시' 동인. 주요 작품으로 「통일기 휘날리다」, 「나를 통일이라 불러다오」 등. 현재 민족작가연합 사무총장.

무명의 이름 외 1편

백 남 이

어느 부족에겐 '훌륭하다' 는 언어가 없다, 했나요

기록조차 이름 없는 수많은 영령들에게 고(告)합니다

상하이 어둡고 더러운 뒷골목에서
산목숨이었던 세탁소와 아이스께끼 공장에서
한겨울 옷 입은 채 웅크린 타국의 쪽방 바람벽에서
저들의 모진 고문의 역사, 나가사키 형무소에서
곱은 손가락으로 간신히 쓰던
총탄에 스러질 때 마지막 심장이 기억하던
으깨진 몸 위 핏덩이와 함께 흘렸던 청년들의 어머니 피
어머니의 이름자 앞에 서서
김구 노무현 이회찬 김광만…이라 가만히 불러 보고 싶습니다

밀정

일제 강점기 '상하이 3대 의거' 가 있다.
홍커우 공원의 윤봉길 의사 의거(1932),
일본 고위 장군을 저격한 의혈단의 황푸탄(黃浦灘) 의거(1922),
그리고 음식점 '육삼정' 에서 주중 일본공사를 폭살하려다 거사 직전 실패했던
육삼정 의거(1933) 등이다.
비록 미완의 거사지만 육삼정 의거는 윤봉길 의거, 이봉창 의거와 함께
'해외 3대 의거로' 로 꼽힌다.

수괴(首魁) 백정기 이강훈 원심창…
일본 외무성 재판 기록의 부분이다.
이처럼 밀정으로 인하여 수많은 거사의 계획이 실패했고
그리고 곧 그들을 포함한 애국지사들이 목숨을 잃었다

아직도 해결하지 못한 일본 재판 기록서의 탐색과 번역
그 속에 낱낱이 기록된 밀정의 이름을 밝혀야 한다
그것이 지금이라도 민주주의 국가에서 해야 할 일이다.
밀정과 그들의 후예는 각오해야 할 것이다.
내놓아야 할 재물은 물론 거짓된 명예를!

백남이 2002년 시집 『사랑은 없다, 기다리기로 하자』로 등단.

감춰진 이야기 2

신 언 관

기미년 이후
지랭이마을 사람들은
오 리도 안 되는 곳
장보기가 무서웠다

신학문 공부한답시고 서울 갔다 와서는
사람들 선동해서 만세 부르다가
많은 사람들 다치게 하고
왜놈 눈치 밖에 나서
지역 발전도 안 되게 되었다고
근동 유지란 사람들
유관순을 원망했었다

그래서 지랭이마을 사람들
아우내장터 장 보러 가면
흠씬 두들겨 맞고 쫓겨났다

해방이 되었다

맨 먼저 유관순 동상 세워야 한다고
주창한 사람들이

몇 해 전
몽둥이 들었던 그 사람들인데

어쨌든 시골 국민학교 칼 찬 장수
시멘트 동상처럼
불쌍한 표정으로
아우내장터 한 귀퉁이에 세워졌고

얼마 후
민의원 선거에
유관순의 오라버니가 출마했다

또 떨어졌다

지역 발전을 위해서는 어쨌거나
고등고시 검사 출신이 더 낫겠지

감옥 갔다 온 것 말고
뭐 벼슬한 게 있어야지

아우내강은 그렇게 지금도
눈치 없이 흐른다

신언관 2015년 《시와문화》로 등단. 시집 『그곳, 아우내강의 노을』, 『낟알의 숨』 있음.

오늘 부는 바람은

양 균 원

기억하지 않는다
출발을 기다리지 않고
도착을 서두르지 않는다
지나간 역은 모두 그라운드 제로
주인도 없고 객도 없다
그러니 꽃도 없고 짐승도 없는 빈터
난, 3C에 앉아 허용된 넓이로 어깨를 편다
21세기 축지법은 생략에 의존한다
접속사 접고 말줄임표 줄이고
아무 때나 끼어드는 여백,
더 이상 지나치는 게 없으므로 정지다
마침표 없는 정지는 곧바로 허공
푸른 여백에 눈으로 쓰는 것은
날아가, 지워져
다음, 다음, 다시 다음이 오면
오는 것도 가는 것도 아닌 순간이 오고 또 간다
기억은 날아가는 것이 아니다
공간을 격하여 이동하는 기술이다
오늘이 너무 빠르게 시작하고 또 끝나서
내일은 바닥난 창고다
오늘을 따라잡을 수 없는 어제가 있다
채우고 다시 비우는 자리에는

기억이 머물 수 없다
비움으로써 다시 채워지는 공간의 피스톤 운동
다가왔다 사라지는 무수한 공기의 입자들
난, 최첨단 타임머신 속에 가위눌리고
아우네 장터 찾아가는 기찻길
오늘 부는 바람은 함성이 소용돌이치고
골목을 돌아 쏟아져 나오는 인파들
고갯마루에 거사를 알리는 봉화 횃불이 올랐다
총검 앞에서 독립을 외친 그대들이여
아무거나 날려 보내는 저 무심한 대한의 하늘에서
100년이 지난 오늘 어찌
무탈하신가?

양균원 1981년 광주일보 신춘문예, 2004년 《서정시학》으로 등단. 시집 『허공에 줄을 긋다』, 『딱따구리에게는 두통이 없다』가 있음. 대진대 영문과 교수.

화력발전소에서 새가 된 사내 외 1편

양 원

2018년 겨울
태안화력발전소의 젊은 노동자 사망사고

"밤샘근무가 끝나가는 이른 아침
부옇게 뜬 태양이
상한 노른자처럼 창 너머에 걸려있다"
라고 적고...
다음 시구를 궁리하고 있을 즈음

"머리는 이쪽에, 몸체는 저 쪽에, 등은 갈라져서 타버리고, 타버린 채 벨트에 끼어 있었다."
거대한 컨베이어 벨트가 소리치며 돌아가는
먼지 가득한 창고의 석탄더미 사이 뒹굴고 있을
사내의 조각난 주검들이 떠오르니
허황되고 나약하기만 했던 나의 시적 상상이
그만 역겨워졌다

그의 가방 속 비상식량
컵라면 두 개
홈런볼 한 봉지

내 자판 위를 사르르 구르는
무가치하고 무기력한 시와
낯 두꺼운 시인 행세

검은 눈이 내리고 있다
발전소 철조망 울타리 위로
줄지어 선 바닷가 곰솔 위로
탄가루 범벅 보행로 위로
내리는 그 해 첫눈은
일상의 흰 색 함박눈이 아니었다

굽은 어깨 사이 고개를 파묻고
찬바람 피해 실눈을 뜬 채
외줄 행렬로 길게
곤궁과 허기의 닫힌 문 앞을 서성이는 사람들

한 사내가 진창길에 빠졌다
출근길 양복을 입고 프라이드를 뽐내던 그가
배웅의 손짓 하나 없이
입 안 가득 탄가루를 머금고 새가 되어 날아갔다
검은 눈 쌓인 땅 위에
날아가는 화살촉 모양의 날렵한 발자국만 남기고
숨겨진 차별과 착취의 족쇄를 끊듯
저 먼 곳으로 날아올랐다
이 땅에 남아 슬퍼할 겨를도 없이
저 혼자 멀리 날아가 버렸다

마래터널*

마래산 옆 허리를 뚫고 만든
좁고 어두운 터널을 빠져나오니
산과 바다가 성큼 달려들었다
2019년 10월 19일
잎사귀들을 모두 버린 나무들 건너 햇살 아래
여순사건 희생자 검은 위령비를 보았다
참배객들과 줄을 지어
길 따라 북으로 조금 더 올라가서
주검 없는 형제묘와 검은 표지석을 보았다

죄 없이 끌려와 무릎 꿇은
두 손이 뒤로 묶인 채 총구를 바라보던
창백한 표정들이 흑백사진 속에 남아있다
1948년 10월 19일
하늘이 빠져 죽은 검푸른 바다는
산기슭 절벽 끝에 아스라이 매달려있다

남한 단독정부 수립을 반대했던 민족 세력
음모와 배신과 적의와 암투 뒤에 숨어
한갓 총잡이 허깨비들을 조종하며
배척과 저주와 압살과 처형의 장단 춤을 추게 했다
선연한 붉은 피를 흘려
만성리 해변의 모래를 검게 물들였던
무고한 이쪽과 저 쪽

무의미한 편 가름
옳고 그름을 헤아릴 수 없었던
그들은 아직 서로 등지고 맞서있다
그들은 하마 언제가 되어 서로 화합할까
고요히 숲속을 흐르는 바람처럼
밤하늘에 촘촘히 박힌 별들처럼

남쪽의 왔던 곳으로 되돌아가는 길
터널에 들어서는 순간
오른쪽 차도로 달려드는 차를 피해
나는 왼쪽 바위벽에 들러붙었다
마침 마주 오는 행인에겐
우측통행의 보행원칙에 따라
내 좌측 어깨를 내주며 지나쳤다
마래터널 속 인도는
지향점에 따라 좌우가 뒤바뀐다
북쪽으로 향하면 오른쪽 길
남으로 방향을 정하면 왼쪽 길을 따라야 한다

어둠과 협소함의 터널을 이내 빠져나와도
여전히 길 왼쪽엔 바다 오른쪽엔 산이다
나는 좌측 길을 걷고 차는 내 우측을 달린다

*여수 마래 제2터널은 여수엑스포역 방향에서 만성리 해수욕장으로 가는 길목에 위치하며, 1926년 일제가 군사용 도로로 사용하기 위해 뚫어놓은 터널이다.

양 원 2013년 《시와문화》 신인상으로 등단. 시집 『의문과 질문』, 『물과 풀에게 돌려주다』 있음. 목포해양대학교 교수.

야스쿠니 비둘기

-강제징용으로 희생당한 조부의 넋을 기리며

유 순 예

창씨명_국촌(구니무라) 청용(세이류)

본적_제국주의도 식민지군 썩어빠지면 죽으리 557번지 출생

소속_15연대

소재지_뉴기니아

신분_공원(工員), 공장(工長)

채용징용일_1942. 7. 3

사몰년도_1943. 1. 2

사몰장소_기루와 전쟁터에서 행방불명_요코하마 인사부장이 사망통지 완료

공표 연월일_1944. 3. 31.

전몰구분_전사인정

상황_기루와 방면에서 ??작전 중 행방불명_육상전사

유골_없음

유품_없음

환송_1948. 2. 3

봉급_1,001엔

인양비_270엔

장례비_70엔

부조금_1,080엔

도장_1959. 7. 31. 야스쿠니 신사 합사 수속 완료

경임아, 아버지 일본 갔다 올게
조금만 기다려
돈 겁나게 벌어 와서
내 딸, 잘 살게 해줄게

친일파들의 꼬임에 걸려 태평양전쟁터에 투입된 지 6개월 만에 '사망통지서'로 돌아오셨다는 외할아버지의 '해군신상조사표'는 이 외손녀의 심장에 증서로 살아서 눈 부라리고 있고요.

첫돌 지나고 삼 일째 되는 어린 딸을 두고 일제의 강제징용군이 되셨다는 외할아버지의 말씀, 그 말씀은 할머니가 되어버린 내 어머니 심장에 유언으로 살아서 꿈틀거리고 있어요.

아버지, 아버지의 머리카락과 손톱은 경임이가 볕 잘 드는 곳에 묻어드렸어요. 야스쿠니 신사인지 쓰레기인지 그곳에 발목 묶인 비둘기들의 서러움들을 달래주고 계실 아버지, 아버지의 명부라도 모셔오고 싶어요.

폭격들이 먹어치웠을 아버지의 뼈와 살점들은 어느 구천에서 흩어졌을까요. 첫돌 갓 지난 어린 것이 아버지 나이 세 곱절 하고도 열 살이 더 많은 할머니가 되었네요. 아버지가 잘라놓고 가신 머리카락과 손톱은 풍토화가 되어서 해마다 잡초들을 기르고 있고요. 삐걱거리는 삭신으로 아버지를 그리워하는 이 딸내미의 '연가(戀歌)' 들리시나요?

제사를 지낼 때마다 주저리주저리
제사상 가득 차려놓는
내 어머니 넋두리가 초혼가를 부르고 있어요

태평양 전쟁터에 강제동원 되었다가
폭격 맞아 죽었다는
23살짜리 박청용, 외할아버지의 넋이 흐느껴요

내 나라야, 내 딸아
친일문학도 썩어빠졌군 외치면 죽으리!
야스쿠니 비둘기가 되어서라도
내 나라, 내 딸을 지키리!

유순예 2007년《시선》으로 작품 활동을 시작. 시집『나비, 다녀가시다』,『호박꽃 엄마』있음.

누이야!
-3 · 1절 광주시 평화의 소녀상 건립에 즈음하여

윤 일 균

끝내 이름 밝히지 못한
임모 할머니, 김모 할머니, 이모 할머니와 더불어
안점순 최덕례 김복득
하점연 김순옥 이귀녀, 김복동
지난 한 해와 올 1월 28일 29일에만도
열 분이
불가사의, 무량대수의
한 많은 세상을 등지다

이제 남은 스물세 분
평균 나이 92세
독립만세의 기운이
대지를 불끈 일으켜 세우는
3월의 옹골진 아침 햇살에도
맥없이 이울고 계시다

일본대사관 앞 정기수요집회
그제로 1,376회,
오늘로 27년하고도 52일째다

그동안 진정한 반성도 사죄도 없었다
하물며 작금에 이르러
전범국의 수장과 그의 수하들은 시간이 더할수록
기고만장, 안하무인, 오만방자, 인면수심, 후안무치
적반하장이다.

하여, 오늘 여기
진실의 날을 위하여
그날의 댕기머리 누이를 결연히 세우다

광란의 구렁텅이에서 온몸으로 울던 누이야
두 발 곧추세우고 고향 하늘 우러러 갈갈이 찢긴 애간장 짜깁던 누이야
간간절절하게 귀향을 갈망하던 내 누이야

여기, 평화로 굳건하시라
그리, 나비로 훨훨 나시라

윤일균 2003년 시 전문지 《시경》 등단. 시집 『돌모루 구렁이가 우는 날에는』 있음. '시와색' 동인. 한국작가회의, 민족작가연합 회원. 너른고을문학회 회장.

오늘의 유관순 외 1편

이 가 을

21세기 여성의 파워
미투를 보고 있다
지지 않는 거센 물결을 용기라고 읽는다
시대의 울림은 여성의 근간이 되었다
깃발을 꽂은 미투는
여성 독립 만세다 백년의 전투다
공범들, 제도와 관습 아래 불의에 침묵하였다
억압과 부정당한 일 어제 오늘 일인가
모르쇠를 격발하는
단기기억상실증도 흔한 일
당신의 어머니이자 아내이자
누이에게
사과를 모르는 당신
입바른 말로 포장하느라 분주하였다
세상이 준 권력에 기대 안녕하였다
눈뜬 미투가
불경한 죄 공공의 적을 호출했다
비밀하게 감춘 간음을 단죄하였다
여성독립의 시대
여성을 흔들어 깨우는 유관순 옆에
수많은 유관순이 왔다

공공의 장소에
불의의 모자를 쓴 당신
욕망의 옷 더러운 관례의
그 옷 벗으라고
깃발은 펄럭이고
유관순의 독립운동은 계속된다

짐승의 눈

사랑은 죽었다
지난 연애는 족쇄가 되었다
비열과 거짓의 가면을 쓴
욕망의 배설을 남겼다
사랑이 죽은 시대
리벤지포르노*를 보고
킬킬거리는 당신
짐승의 눈으로 사랑을 말하지 말라
악마의 부릅뜬 저, 눈!

뜨겁게 끓었다가 식는 냄비를 닮아
인스턴트 연애라고 마침표를 찍었다
강제 구인된 시간들 감옥 같아
이별의 덫이다
쓰고 독한 불안을 들이켜고

살아있으나 죽은 유령의 시간을 헤맸다

나는 밤의 유령인가 죄인인가
죽지 않으려고 싸운 시간들
죄인이 아니다
오자를 지우듯 무수히 많은
나를 삭제하지만 나를 사랑하였다
잊혀지기를 소망하는 오늘
나로 살고 싶은 내일

*불법 음란 촬영물

이가을 1998년 《현대시학》 등단. 시집 『슈퍼로 간 늑대들』 있음.

우리라구 옳게 쓰일 일 읎구 헐일이 읎겄어? 외 1편

이 문 복

–구라파인지 유럽인지 효도관광 갔다더니 벌써 온 겨? 구경은 잘 혔남? –

–구경이야 잘 혔는디, 음식두 입에 안 맞는디다가 가이드랑 일행 놓칠께비 바싹 쫓어댕기느라구 아주 욕봤당께. –

–흐흐, 암체두 나이가 있응께…. 워쨌거나 더 늙기 전이 잘 갔다 왔구먼 그려. 댕겨봉께 워디가 젤루다 좋던감? –

–좋기야 다 좋았넌디 아우슈비? 그 유태인덜 잡어다 거덜냈다는 수용손지 감옥인지, 거기는 워찌나 참혹허던지! 우리두 일본헌티 당혔었지 생각허니께 당최 넘에 일 같지 않더먼. –

–그려, 넘에 일 아니구 말구. 나는 거기는 못 가봤구 일본놈덜이 독립투사 잡어다 고문혔다던 서대문형무소는 가봤넌디, 화장실두 읎는 독방이며 벽관이랑 그냥반덜 사진 보니께 죄스럽구 아프기두 허구 자랑스럽기두 허구 맴이 참 그렇더라구. –

–그려, 그려. 뭔 말인지 알겄구먼. 오늘날 우리가 팔자 좋게 훨훨 해외여행 댕기구 이게 다 누구 덕이겄어? 그러구봉께 순서가 바뀌었네 그려. 그 서대문형무소, 그런 디부터 먼저 가보구나서 넘이 나라 감옥을 가보던

지 말던지 했으야는디 말이여.-

-그래서 허는 말인디, 거시기 그 유관순기념관 가봤남? 일본놈덜이 불질러 읎애버린 생가터랑 교회두 복원허구 동상두 세웠다넌디, 가차이 살면서두 나는 여적 못 가봤네 그려. -

-그러게. 독립기념관은 꽃구경 단풍구경 삼어 몇 번이나 가봤는디 바루 옆댕이 아우내는 순대만 사먹구 그냥 왔네 그려. 머잖어서 벚꽃두 필 텐디 꽃구경두 허구 장터 구경두 헐 겸 유관순 할머니께 인사드리러 가세나. -

-좋지, 좋아. 근디, 나라 찾겄다구 용감허게 싸우다 어린 나이에 무참허게 돌아가신 분헌티 우리가 뭔 말씀을 드린댜? 새끼 나서 키우구 밥해먹구 정신읎시 사느라구 민족이구 애국이구 생각헐 겨를두 읎시 나이만 먹었슈, 죄송허구먼유, 이럴 수두 읎구. -

-아이고 됐네, 됐어. 기죽을 거 없어. 김활란이니 모윤숙이니 대학총장입네, 시인입네, 잘난 여자덜 일제 때 헌 짓이 뭔디? 정신대, 학도병, 영광스럽다구 부추겨 내몰지 않었남? 그런디 가난허구 심 읎어서 위안부 끌려갔던 김학순, 김복동, 그 할머니덜은 말년에 여성운동가, 인권운동가루 훌륭허게 살다 돌아가시지 않었남? 우리라구 옳게 쓰일 일 읎구 헐 일이 읎겄어? -

썩은 거 도려내구 뒤틀린 거 바로잡구

−에이그 쯧쯧, 박그네가 워쩌다 저 꼴이 됐디야? 감옥에서 늙어죽게 생겼네 그려. −

−워쩌겄어, 자업자득인디. 잘혀보겄다구 혀서 뽑어줬더니 나랏일을 최순실이헌티 맡겨갖구
왼갖 분탕질루다 나라를 흔들었잖여. −

−근디 말이여, 이태동 교수라나 박사라나 허는 글쟁이가 박그네 글 잘 쓴다구 어둠 속에 빛나는 진주라는 둥 몽테뉴 수필 같다는 둥 찢어지게 칭찬혔었는디? 그 대단헌 글 솜씨는 워따 두구 연설문을 최순실이헌티 ㅁ ㅐㅌ겼디야? −

−잉? 교수란 작자가 무신 아부를 그러키 낯간지럽게 했디야. 암튼 박그네가 대통령 되기 전에 책을 두 권이나 냈다넌디, 그러니께 그것두 다 누가 대신 써준 거 아니여? −

−그거야 아직 잘 모르겄구먼서두, 사실이라믄 대신 써준 글쟁이두 이태동이 못지않게 썩은 놈일세 그려. −

−썩어터진 글쟁이가 워디 한 둘이간디? 우덜 핵교 댕길 때 교과서에 글 실리구 훌륭허다구 배운 사람덜 나중이 알구봉께 일제 때 몹쓸 짓 많이 했더먼. −

−맞어, 맞어. 그 유명짜헌 시인, 소설가덜이 일본헌티 충성허는 글 쓰구 연설두 허구, 꽃 같은 젊은이덜 학도병으루 위안부루 내몰었더먼 그려. −

-아, 그거야 허구싶어 혔겄어? 총칼이 무서우니께 워쩔 수 읎이 혔겄지. -

-뭐시여? 지 한 목숨 살겄다구 넘이 집 귀헌 자식덜 사지루다 내몰어? 그러믄, 대한독립만세 외치다 죽은 동포덜허구 재산이랑 식구덜 목숨꺼정 다 바쳐 싸운 독립투사덜은? -

-아서, 아서. 우덜끼리 다투먼 쓰겄남. 조선 사람이라구 다 같을 수 있간? 매국노, 친일파두 있구 변절자, 밀정두 있는 거지. 나라 되찾은 다음에두 그 썩을 것덜이 벌을 받기는커녕 큰소리 땅땅 치구 행신허구 살었응께 그거시 잘못된 거지. -

-내 말이 그 말이여. 사죄두 반성두 안 허구 죽었는디 무신 그 이름으루다가 기념관 짓구 문학상 맹글구, 상 주믄 얼씨구나 받구. 그모냥이니께 일본이 우릴 우습게 보구 자꾸 속 터지는 소리 허는 거 아닌감. -

-그게 말이여 내 조카놈두 가난헌 글쟁이라 허는 말인디, 상금이 수천만 원씩이나 헌다는디 안 받기가 워디 쉽겄남. 돈두 돈이지먼 워쨌거나 상 받으먼 더 유명해질 테구. 받어라, 받지 말어라, 식구끼리 글쟁이끼리 싸우구 의 상허게 맹그는 상이여. -

-그, 아주 몹쓸 상일세 그려. 한류다 뭐다 우쭐댈 게 아니라 그런 것부터 읎애야지 안 그러믄 얼라덜이 뭘 옳게 보구 배우겄어. -

-맞어, 맞어. 썩은 거 도려내구 뒤틀린 거 바로잡구 우리부터 올바루 돼야 일본헌티 사과든 배상이든 지대루 받을 수 있는 거시지, 안 그려? -

이문복 2001년 《작가마당》 등단. 시집 『사랑의 마키아벨리즘』 있음.

사탕, 달콤한 그날을 위하여! 외 1편

이 민 숙

쓰다
벌처럼 가슴을 할퀸다,
영변의 약산 진달래의 사랑 대동강 남포*의 사랑
남원 광한루의 사랑
홀로 남겨진 봄밤일 때,

바다를 강타하는 왕사탕 파도의 혀끝에서 녹아
등대의 아랫도리를 무너뜨린다
계피향으로 무장한 해적, 수정과에 녹아 설날 식탁에서 미끄럼을 탄다

때때옷에 눈부셔하던 유년의 사내
그녀의 혀를 간지럽힌다 졸다가 반짝 깨어나는 별
사탕, 달콤한 그날은 언제?

봄비처럼 부드럽고, 봄까치꽃 비릿한 세로토닌 한 꽃잎이 졌을 때부터
세세천년의 이별이 피었다,
그러나 한라산 진달래 그날
혓바닥은 타오르고, 사막엔 초록의 꿀물이 흐른다

쪽 쪽 빨아라 열세 송이의 오동도 동백이 빨갛게 지고
순간과 영원 사이, 이별조차 뒤깐에 버린 선암매 피어난다

별 별 사탕이 다 그대 입술을 가슴을, 발바닥까지 빨고 핥고
그리움은 사탕 속에서 비명을 지른다
여왕벌의 한 마리, 통일의 제의(祭儀) 수벌만큼 미련 읍고 치열하다
너는 남의 별, 나는 북의 별, 천 년 전에 헤어진 여왕벌을 향한 비행!
지구별 바깥으로 날아가는 처녀 비행, 백두산에서 지리산으로 달빛 별빛 껴안고!

*정지상의 시 「송인(送人)」에서
*뒤깐 : 조계산 선암사에 있는 해우소
*선암매 : 수령 650년 된 선암사 매화나무

864,000 시간 후

우리는 만났다 한 잔의 실재를 놓고

우리의 그동안은 왜 허구처럼 느껴지는 걸까
한 번도 만나지 못했던 건 아니지만
그가 택한 시간들이
내 삶의 중심, 껍질을 빠져나갔던 것처럼,

1910년 그날 3월 1일!
그로부터 864,000시간이 흘렀다
우리는 무엇을 위하여 살아왔는가

우리는 그 부끄러운 잔재 속에서 행복했고 눈물겨웠고
빈 민주주의를 위해 어떤 옷을 입고 어떤 밥을 먹고
어디에서 어둠을 피했으며
빛날 수 없는 양심의 결을 내팽개친 시간들 속에서
얼마나 열렬히 거짓을 외쳤는가!

우리는 자유와 부조리를 양어깨에 멘 짝꿍이었다
달리기를 하며 하룻날 경계에 섰을 때
박수도 쳐주고
눈물도 흘려주고
잃어버린 한 짝의 신발도 찾아주는 사이
그럴 수밖에 없었다고 눈물을 흘리며 식은땀을 흘리는 그런 사이

왠지 그런 햇빛 아래에 서로 서 있을 줄,
어두운 밤
희뿌연 새벽
황홀한 윤슬 때문에
가슴이 눈부실 때
서로의 눈빛이 어떻게 일렁이는지
몰랐을까 알고 싶었을까

오늘, 우리가
두하나 들쭉술*을 마시기 위하여 서로에게
한 잔씩을 따라주는데
그 한 잔 안에 뽀얗게 안개 끼어 바람 불던
한라산 허리에 피어나는 설연화(雪蓮花)가 흰눈 속에서 방긋 웃는다

864,000 시간이란

그 한 잔의 순간일까
그 한 잔의 영원일까
어제, 내일, 오늘일까 역사일까 그냥 흐름일까

시간일 뿐 그냥 흐르고 있을 뿐,
이 아님을 오늘의 저 하늘은 조곤조곤 속삭이고 있다

*북한술 이름

이민숙 1998년 《사람의 깊이》로 등단. 시집 『나비 그리는 여자』, 『동그라미, 기어이 동그랗다』 등이 있음. 여수 샘뿔인문학연구소 소장.

나의 조국 한반도

이 철 경

종놈의 자식이 민족의 정기(精氣)를 짓밟고
민족반역자가 이 땅의 민중을 유린한지, 어언 70여 년
이제는 남의 땅 남의 정신으로 내 것이 아닌
이 땅의 노예로 산 지 반백 년

조선의 청춘이 피눈물 흘리며 조국을 위해 민족을 위해
허기를 끌어안고 잃어버린 내 땅을 찾아
타국으로 나섰던 내 젊은 청춘의 선조들이여,

전범기(戰犯旗) 앞세운 제국의 깃발 아래 군함도 노동착취와
전쟁의 화염 속에서 생사를 오가는 일본군 성노예로
죽거나 버려지던 민족의 한이여 슬픔이여,

그대들이 피땀 흘려 지키고자 했던 이 땅은
허리 잘린 민중의 설움을 뒤로한 채, 깃발만 바뀌어
이념대립과 분단의 땅으로 지금까지 이어졌다

남으로 북으로 들어오는 외세의 악귀가 이 땅에
발붙이지 못하도록, 평화의 물결이 백두에서 한라까지
이어지도록 이 땅의 평화와 번영을 위해
함께 나아가자 나의 조국 한반도여!

이철경 《발견》 시, 《포엠포엠》 평론 등단. 시집 『죽은 사회의 시인들』 있음. '목포문학상' 수상.

끝나지 않은 광장 외 1편

전 비 담

찢어질지 몰라 찢어진 우리가 찢어진 서로를 못 알아볼지 몰라 한쪽이 다른 쪽의 멱살을 잡아 메꽂을지 몰라 비극끼리 서로 못 알아봐서 희극이 생길지도 몰라

내가 머리카락을 쥐어뜯으며 웃을 때 당신은 내 살갗을 들어보였다 우리의 나라는 여기에 산단다

우리는 비밀을 악수 대신 포장지에 묻어두었다 살갗이 새붉은 샐비어꽃물을 피울 때마다 우리의 나라가 멀어졌다 씹던 껌딱지처럼 서로의 껍질을 붙여두고

비밀병기를 내다팔아 시장을 사들인 부유한 상인을 따라간 적이 있으나 나에게는 알맞은 포장지가 없었다

기울어지는 지축을 잡고서도 질긴 우리
나는 현기증이 나서 정오의 중천을 물고 온 소리개가 나라를 물어갔으면 했다

중천이 머리 위를 빙빙 돌 때 나는 살이 우글거려 경계의 방언을 외는 제 삼의 광장으로 가야 한다 새파랗게 차가워져서 아직은 찢어지지 않을 샐비어 꽃물색 나라를 들고

백년 고독

지속적인 독립의 지연은 지속적인 고독을 창출한다

광화문광장엔 시계탑이 없다 백 년을 건너오며 백 년 동안 멈춰 있다 빛이 모인다는 광화문 오십 개 미국별에 이스라엘 육각별까지 욱일승천 염천인지 염병인지 몰아쳐서 빛날 때 우리의 촛불이 고독하다 빛의 제국에 눈먼 '뫼르소' 들 눈먼 눈빛으로 누가 누굴 쏘아보나 대왕 세종 장군 이순신 우두망찰 서 있다 지척 거리 종로 탑골공원 종각 제야 종소리도 멈추어 녹이 슨다 저 해파리 떼 같은 빛들을 몰아내지 못해 날마다 건너오는 세종로 횡단보도 날마다 도착하지 못한다 백년 임시정부가 세월호 리본 공작소에서 고독하다 왔으나 오지 못한 우리의 파스카 백년은 남지나해에 멈춰 있다 광화문광장 시계탑은 세월호 갑판의 백척간두 아직도 백년의 이명준 이명준들이다

*파스카 : 건너감(구약 민족구원, 신약 인류구원의 의미)
*남지나해 : 최인훈의 소설『광장』

전비담 2013년 제8회 최치원신인문학상 수상으로《시산맥》에서 작품활동 시작.

음지 속의 빛 외 1편

–영화 〈허스토리〉를 보고–

주 선 미

음지에서만 살던 어머니들이 드디어
꼭 닫았던 입을 열었다
일제 강점기 일본군 위안부로 끌어가 놓고
이제 와서 오리발 내미는 일본 정부
병들대로 든 몸과 치유할 수 없는 마음의 상처
돈이 아닌 진심 어린 사과 한마디
미안하다는 말 그 말이 듣고 싶다고
부산과 일본 시모노세키를 오가는 관부 연락선
그 뱃길 따라 일본과 부산
노구를 이끌고 항해하는 어머니들이 있다
고달픔 묶고 푸는 보따리 장사하러 가는 게 아니라
일본 법원으로 억울한 일 풀러 가는 기울어진 뱃전
흐트러진 근대사에서
큐슈 제철소로 징용으로 끌려갔다가
연일 이어지는 미국의 공습 와중
무너진 공장 불길에 국부를 데이고도
변변한 치료 한번 받지 못한 채
병든 몸으로 돌아온 작은할아버지를 생각한다
일생 여자 곁에는 가보지도 못한 채
객지에서 셋방살이를 전전하며

봉투를 붙여 장에 내다 팔아 생계를 꾸렸다는
역사에 묻혀버린 또 다른 희생양
누구 하나 기억하는 사람 없다
소식조차 없이 떠도는 막내동생의 부재로
할아버지는 늘 쓴 눈물만 삼켰었다
일본 법정에서 쏟아내는
그녀들의 시퍼런 가슴속 이야기
내 피붙이 이야기인 것만 같아
한여름 열대야 속에서도 어깨가 시리다
세상에 모습을 드러내어 목소리를 높인 그녀들
온 몸을 걸고 일본으로 가지만
균형추를 잃은 차가운 법정은
끝내 그들이 빼앗은 청춘을 모른 척했다
비록 현실의 법정에서는 패소했지만
온 법정을 울음바다로 만들어
썩은 양심에 맵찬 주먹 하나 날리고 돌아서는
어머니들에게서 살아 있는 정신을 읽는다
추석에는 작은할아버지 묻혀있는
안면도 바닷가에 한 번 다녀와야겠다

영화 말모이, 몸 아니라도…

중국발 미세먼지 밖으로 나가는 길
꽁꽁 묶어 버린 겨울날

용산 극장으로 숨어들어 영화 말모이를 본다
분명 화려한 포스터에 끌려 들어왔는데
막상 우리말을 빼앗긴 1930년대 경성 거리
거뭇거뭇 흑백 필름처럼 흘러내린다
총칼을 들고 만주 벌판을 누빈 김좌진이며
제 몸을 폭탄에 묶어 던지는 의열단만
밧줄 조여드는 식민의 고리 벗긴 줄 알았더니
빼앗긴 말을 조각조각 모으는 일도
긴 어둠 뚫고 새벽을 여는 일이구나
팽팽해진 눈물선이 자꾸 허물어진다
무릎 꿇고 얻는 말석을 지키느라
지킬 것 많은 부자들, 앞잡이들이
간이며 쓸개를 다 빼주는 동안
아들 밀린 월사금 마련하느라
밤잠 설치다가 소매치기가 된 동양극장 기도
몸으로 벌어먹고 사는 막노동꾼들이
밤으로 모은 사투리들은
교과서 밖의 보물이었다
그 말모이, 우리말 큰사전 원고를 지키느라
일제의 혹독한 매질에
말 귀퉁이마다 부서지고,
누구는 손톱이 빠지는 고문을 견디며
복사본 원고 있는 곳 끝내 지키는 걸 보며
오늘이 거저 주어지지 않은 걸 비로소 알겠다
소매치기 왕초 온몸을 총알 앞에 던지면서도
경성역 집배소에 던져 지킨 말모이
그가 지킨 것은 말모이가 아니라
혼이었다 아들에게 물려줄 무형의 자산이었다

두 시간 넘어 말모이를 줍다가
밖으로 나오니 어느새 땅거미가 밀려드는 거리
네온사인 간판 빙빙 돌아가는 사이로
국적을 모를 언어들이 거리를 가득 메우고 있다
영어 잘하는 길이 살 길이라고
한껏 목청만 높였던 내가 부끄러워
길모퉁이 청국장집 밀고 들어가
뜨거운 김으로 바깥 풍경을 잠깐 가린다

주선미 2017년 《시와문화》 등단. 시집 『안면도 가는 길』 있음. 한국작가회의, 물앙금시문학회 회원.

은화

천 수 호

3 · 1운동 100주년 기념 주화를 손바닥 위에 올려놓는다
오만 원이라는 많지도 적지도 않는 금액의 주화 속에서
은빛 태극기가 날고 있다

바람이 없는 주화 속에서 태극기가 오래,

은빛 주화는 그날의 풍경을 껴안으며 단단하게 펄럭,

남한과 북한이 하나였던 그때의 만세 소리가 주화에 담겼다
구화(口話)로 보여주는 99.9프로 순도의 만세들
30년은 억눌려서, 70년은 어눌해서
백 년 동안 풀지 못한 과제를 여기 주화에 새겼다

오만 원을 손바닥 위에 올려놓고
은빛 깃발이 쏟아놓는 녹(錄) 없는 만세 소리를 듣는다

천수호 2003년 조선일보 신춘문예 등단. 시집 『아주 붉은 현기증』, 『우울은 허밍』 출간.

매화 마중 외 1편

최 도 선

섬진강물 풀렸다는 소식도 받기 전에
매화홀로 먼 길 오는 몸 트는 소리 있어
다정한 햇살 품고서 버선발로 나가오

그립다 아니하며 이 마음 숨겨두고
긴 세월 북풍한설 터진 마디 맞잡고자
흐르는 달빛 밟으며 더운 심장 안고가오

3·1의 태극기를 가슴에 품어 안고
오천년 지녀온 얼 한 지붕에 들어앉아
새벽은 다시 오리라 잠든 향을 깨우오

동주 생각

하늘을 우러러
한 점 부끄럼이 없기를
괴로워한 당신의
마지막 섰던 자리에
한 소년을 세웠습니다.

당신이 남기고 간 흔적, 소리 없는 함성이
지금도 일렁이고 있는
아마가세 다리에서 강물에
국화꽃 한 송이 띄웁니다

듣지 못하고 가신 그때의 만세 소리
어느 별에서 들으셨나요?
이제 '잎새에 이는 바람에도' 부끄러워 마세요
당신을 기억하며
우지강변에 '새로운 길' 의 비석을 세웠습니다

우리 오늘도 내일도 새로운 길로만
향해요

최도선 1987년 동아일보 신춘문예 시조 당선. 1993년 《현대시학》 소시집 발표 후 자유시 활동. 시집 『서른아홉 나연 씨』, 비평집 『숨김과 관능의 미학』 있음.

만세의 꽃
–100주년 3·1절에

최 순 섭

〈1919년 3월 1일〉
하늘이 숨을 멈춘 시간
서울 탑골공원에서 독립선언문이 낭송되고
대한독립만세! 대한독립만세!

만세 소리 하늘을 찌를 때 온 땅이 부르르 떨었다
대한독립만세! 대한독립만세!

남대문으로 아우내장터로 유관순 열사가 뛰어간다
대한독립만세! 대한독립만세!

뒤따르는 사람들이 사람들을 부르고 태극기를 손에, 손에 들고 뛰어간다
대한독립만세! 대한독립만세!

총을 쏘고 칼을 휘두르는 일제 앞에 맞서서 온 누리 우리 땅 온 겨레가 뛰쳐나와 붉은 피 흘리며
대한독립만세! 대한독립만세!

자유를 외치다 평등을 외치다 여리고 여린 꽃송이들 감옥에 끌려가 악

랄한 고문에 죽임을 당하면서도
대한독립만세! 대한독립만세!

만세를 부르다, 부르다 죽어서도
대한독립만세! 대한독립만세!

지하에서 꽃이 피네
대한독립만세! 대한독립만세!

열사들의 원혼이 하늘을 날아다니며
대한독립만세! 대한독립만세!

지금도 쩌렁쩌렁 지구를 흔들고 있다
대한독립만세! 대한독립만세!

최순섭 1978년 '시밭' 동인으로 작품 활동 시작. 시집으로 『말똥,말똥』 등이 있음. 현재 에코데일리 문화부장, 한국가톨릭독서아카데미 상임위원. 경기대, 동국대, 이화여대 평생교육원 출강.

제주 조천 만세 운동 1

한 경 용

휘문 고보에 다니는 김시범의 아들 장환이가 귀향하였다.
그래 궁금하던 서울의 기미 3 · 1운동 소식을 들었다.
독립선언서 등사물을 가슴 속에 숨겨 와서
유림 향교에서 말하였다.
제주의 유림들 사이 명망이 높았던 조카네 작은 아방 김시우의 기일인 3월21일을 거사일로 결정허게.
만세운동을 알리고 동지를 규합하여 태극기를 만들고 사전 준비를 진행허게.
불끈 쥔 용기로 일어 나시낭* 속삼임이 외침으로 들려 왐져게,** 23명의 유림이 한 미밋동산에 역으로 흘러와시낭,
조천에선 바닷물이 산 쪽으로 올라 왐져게,
잠시 우리는 우리의 이름 앞에서 무릎을 꿇었다.
피가 끓는 동산은 붉게 타오른다.
가로 막는 자여, 아직 당신들은 우리를 모르고 있다.
영혼이 우리 육체를 밀어 올린다.
봄 나절 우리의 발걸음은 하늘 향해 응어리를 뿜는다.
모인 자들이여
해역 만리 기별 듣고 솔나무 가지 끝에 가깝게 가려 한다.
잠시 미밋 동산에서 앞바다를 본다.
가시나무로 울을 친 옆 토막 난 고령의 나무가 누워 있다.
겉은 왜 이다지도 거치른가.

속은 또 왜 새 각시 속살처럼 보드라운가.
풍상으로 거무레한 돌 밭 사이
보리 줄기 둘러 싼 가장자리에 유채꽃들이 노랗게 웅성거린다.
동산 오르막에 선 아아 이 나무는 은행 나무였구나.
우리는 유림이었구나.
족쇄를 풀어 겨레는 물 위를 건넌다.
돌아오지 않는 길 행진한다.
우리가 보낸 물결에 지치도록 밀려드는 함성,
우리의 발이 용서하지 못고 바닷물에 담그니
정강이가 시리엄시낭.****

*났으니까,
** 온다 그래
*** 말하고들 있으니까
****시리고 있으니까

한경용 2010년 《시에》 신인상으로 등단. 시집 『빈센트를 위한 만찬』 등 있음.

봄, 지평 서신 외 1편

한 도 훈

의병 고장 지평에서
새봄을 맞는다
검은 강, 흑천의 줄기를 붙들고
청둥오리떼 천진난만하다
아직 덜 깬 얼음장 사이로
고개 들이밀며
긴잠에 빠진 미꾸라지 건져올린다
왜구들 향한 의병의 총구에서
간담 서늘한 불이 뿜어 오르면
갈지산 산언덕에 봉홧불이 오르고
덩달아 평화의 봄빛이 푸르다
너의 심장이 춤추고
나의 심장이 덩달아 춤추고
천지의 기(氣) 전부 불러 모아
지평 들판에서 춤추게 하면
한포기 쑥이 어질머리 든 머리 들고
쑤욱 솟아나올 것이다
베수건 질끈 동여매고 화승총 든
통일의병(統一義兵)으로 태어나고 싶다
이 땅의 토착왜구들 몰아내고
진정한 자유를 위해 봄쑥이 되고 싶다

지평에 첫발을 내딛던 날

겨울, 살 떨리는 얼음 얼고
핏기 없는 새 소리 한강에 흩어질 때
양평마을에 이사 왔지

그 다음날
저만치 새벽빛이 내려앉는 양수리 언덕에 갔지
다산이 살았던 그 언덕에
봄쑥이 살아오는 소리 듣기 위하여
느티나무 뿌리에 귀를 묻었지

저만치 갈지산이 바라보이는 지평
초라니 모자를 쓴 지평 의병
총구에서 불꽃이 일어
통일의병, 평화의병으로 다 살아났지

저저만치 용문산 빨치산들
절룩거리는 발걸음마다
고라니 따라 걷더니
오늘 바람결에 그 사람들이 찾아올까

함께 판문점 도보다리 걸으며
서울과 평양
조국이 하나로 합쳐진 날
한반도기 들고 호랑이처럼 포효했으면…

한도훈 2014년 《시와문화》로 등단. 시집 『오늘, 악어떼가 자살을 했다』, 『홍시』, 『코피의 향기』 등 있음.

봉황각 앞에서

한 소 운

어떤 힘이 나를 이끌었을까
동학의 성지, 용담정
입춘이 지났건만
사나운 바람이 옷깃을 여미게 했다

냉혹한 겨울을 지나 봄이 오듯이
봉황각 앞마당에도 꽃눈이 틔워지는데
겹겹의 바람 속엔
용담정 하늘이 담겨 있고
흰 옷 입은 발걸음의 기침소리 들린다
우러러 일컫는 민족대표 33인
그 이마의 서슬 퍼런 결의들
캄캄하게 얼어붙은 산 계곡을 건너고
벌판을 지나서
이 강토를 움직이는 힘이 되었다
전국방방곡곡 만세소리 그 함성
바람처럼 눈보라처럼 메아리쳐 울려오고

100년 전의 그날 그 장터의
쌀 한 줌
보리 한 톨

말 한마디, 글 한 줄이
오늘 또 다시 나를 향해 눈을 뜬다
차마 못 잊을
이 나라 이 겨레의 맑고 깊은 얼

*용담정 경북 경주시 현곡면 가정리 산63번지. 동학혁명의 성지.

한소운 1998년 《예술세계》로 등단. 시집 『그 길 위에 서면』, 『아직도 그대의 부재가 궁금하다』, 『꿈꾸는 비단길』 등 있음.

1935년 생 언니

허 정 분

천구백 삼십오년 김해 허씨 족보에
이름을 올린 우리 언니
파뿌리 할미꽃 유모차 인생 그도 모자라
온 몸이 시난고난 길을 낸 난이도에
턱, 턱, 숨결도 막히고 갈비뼈도 걸리는
쭈그렁 하회탈이 다 지난 일이라고 웃는

이 나이까지 살 줄 알았다면
해방되어 우리글 배울 길 있었는데
가갸, 거겨, 한글 대신 왜놈 선생이 가르쳤다는 일본글
못 따라해 발길질에 매 맞고 오면서 엉엉 울면서
매 맞으며 왜놈 말 안 배운다고
소학교 교실 아닌 섶 다리 아래
강기슭에서 날마다 놀다 집으로 갔다고
때때로 한숨짓는 우리 언니

침략 막바지에 젊은 아버지
왜놈의 총알받이 공출 피하느라
뿔뿔이 흩어진 식구들 놔두고
다섯 살 남동생만 껴안은 채 깊은 산속

굴속에 숨어 살다가 폭격에 불붙은 산불에
동생 팔 한쪽 타 익어 장애가 된 해
철천지 원수 왜놈들이 쫓겨 갔다고
아득한 옛말 생생히 되뇌는 일자무식 우리 언니

일본이 아닌 왜놈들이라고 한평생 욕해댄
쭈그렁 할멈이 기역자로 굽은 등
저승 가서 펴겠다는 한글의 첫 초성문자 우리 언니

허정분 너른고을문학, 한국작가회의회원. 시집 『벌열미 사람들』, 『우리 집 마당은 누가 주인일까』, 『울음소리가 희망이다』 있음.

제4부

상처 딛고 새 아침으로

바다에 핀 꽃 외 1편

강 태 승

마침내 꽃이 쏟아졌다 저절로 피는
눈비 내려야 피는 꽃이 아니다
세상 캄캄해질 때에
피는 꽃이 백만 송이 넘게 피었다
억만 송이를 배경으로
광화문에 붉지 않은 것은
한 송이도 없는 꽃이 대웅전이다
바람 불수록 찬란해지는
추워질수록 거부하는 꽃
눈 감거나 외면하면 가운데를
밝히는 꽃이 성벽을 세우고 있다
다시 문패를 걸고 있다
길이 버려지면 버려진 길로
막으면 막은 길로, 꽃이
손에서 주먹으로 건너가자
막바로 용설(涌泄)이 차올랐다
꽃이 필수록 싱싱해지는 바다
꽃만 남겨두고 삼키는 파도
바다에 촛불이 피자
통째로 눈이 내린다
꽃이 필수록 파도는 거칠고

파도칠수록 환해지는 꽃,
광화문에는 꽃으로 깊어진 바다
백만 천만 송이 꽃이 피자
민주주의 바다
바다보다 푸른 민주주의 피었다.

사쿠라를 도끼로 뽀개자

대한민국 시인이란 자들이 사쿠라 밑에서
사쿠라의 향기를 맡으며 히히덕거린다
사쿠라의 냄새로 분칠하고 줄기와 꽃을
머리에 꽂고 가슴에 달고 어깨를 턴다

안중근 의사는 황금을 독립에 던지고
정의를 위해 생애를 바친 우국지사
소녀 유관순 열사도 칼을 쥐었는데
훈민정음의 시인이 사쿠라 밑에서,

술을 따르고 의관을 즐기고 있다
사쿠라로 옷을 해 입고 문패를 들고
흰 치아 뽐내며 시(詩)의 소매 펄럭이는
저들은 왜 이 땅을 밟고 있는가

맨발인데 함부로 정신대에 끌려가고

이름 빼앗긴 것이 얼마 전 일인데
사쿠라 밑에서 친일의 피를 마시며
어찌 이 나라의 용마루에 앉았는가

뼈를 벌겋게 피워야 할 시인들이
피를 하늘 높이 뿌려야 할 시인들이
친일문학상 밑으로 기어들어가 밥 먹고
그 가랑이 아래서 시인 행세를 하는가

저들은 애초부터 친일문학의 편린이며
나라를 부숴 먹은 을사오직의 그림자
이육사 윤동주 시인이 가슴 칠 일이다
한용운은 피를 토하며 통곡할 일이다.

강태승 2014년 계간 《문예바다》 신인상 등단. 시집 『칼의 노래』 있음. '시마을' 동인.

광개토왕비를 만나러 가자 2

고 명 자

부산이 아무리 춥다 해도 북쪽만 하랴
겨울 아침 10시 쨍한 정신으로
역사를 읽는다
광복을 못보고 작고하신 시인의 통곡할 심정으로
김수영을 신동엽을 김남주를 조태일을 고정희를 최승자를 읽는다
광복의 기쁨 누리기도 전 남은 남대로 북은 북대로
미국이 소련이 우리 땅 우리 민족을 가랑잎처럼 흩어 놓았으니
공포, 공포, 매순간순간이 공포로 이어졌다는 6 · 25와 포로수용소
살아 남았노라는 김수영의 퀭한 눈에는 절망 깊은 공포
우선 그놈의 사진을 떼어서 밑씻개로 하자* 가래를 뱉으며
가다오 나가다오 미국놈아 소련놈아 나가다오
이데올로기를 부추기는 놈들아 우리 땅에서 꺼져다오
권력의 횡포에게 폭력에게 시인이여 침을 뱉어라,
온몸으로 자유를 외치라
자유에는 왜 피의 냄새가 나는가를
바람이 불고 북쪽 겨울처럼 추운 아침이지만
역사를 읽는 의자도 몇 개 더 늘어났다
도서관으로 헌책방으로 없는 시집을 구하러 다녔다
알맹이는 어디에 있는가
금강은 장구(長久)하고 민초들도 면면히 흘러왔다
녹두장군, 파랑새, 갑오년 동학농민혁명, 평등사상, 교수형,

무저항, 척양척왜, 광재창생, 사인여천, 소년, 노동자, 전태일
평등을 위해, 껍데기를 몰아내기 위해
신동엽의 시집 『금강』은 피가 튀었다
4 · 19를 5 · 16을 6 · 3을 베트남전쟁파병을, 반공과 멸공을
민족, 민주, 통일을, 수구세력들을, 정치꾼들을…
아사달과 아사녀의, 신동엽과 인명선의, 신하늬와 인진아의
사랑의 역사도 처절하게 피어
금강은 지금도 흘러가고 있다며 ㄴ씨가 뇌인다
시집 『조국은 하나다』를 구하러 도서관 몇 군데를 다녔다
ㅊ씨는 헌책방에서 거금을 주고 어렵게 구했단다
칼, 피. 투쟁, 분노, 쟁취, 착취, 억압, 혁명, 고문, 감옥….
페이지를 무작위로 펼쳐도 언어의 파편은 무서웠다
이데올로기를 내세운 정치폭력이 합법화되고
정치 집단이 국가 행세를 했다. 저항하는 민중을,
혁명시인 김남주를 반국가적 인물로 매도하고 탄압했다
김남주는 국토의 순수한 자식, 흙만 파먹고 사는 농부의 아들
인간이 인간이게 한 것은 노동/ 노동이야말로 인간을 인간이게 한 장본인*
인간의 본질은 노동이고/ 노동과 그날그날이 어머니 명줄이듯/**
노동에서 멀어질수록 인간은 동물에 가까워지고/***
노동력을 착취당하는 일이야말로 인간으로서 가장 큰 치욕/****
종이 한 장, 연필 한 자루 주지 않는 지옥 감옥
9년 3개월 우유팩에다 칫솔 손잡이를 벽에 갈아 시를 쓰다
자유, 인간을 인간이게 하라 저항시를 썼다
스마트폰으로 찾아본 김남주의 아들 김토일
그의 아내 박광숙 여사
김남주의 역사가 눈물 나도록 고맙고 아름다웠다
『국토』 황토처럼 소처럼 질박해 보이는 시인 조태일

눈물, 울음기둥, 충만한 눈물, 메마른 울음, 들끓는 눈물
참외조차 허옇고 누렇게 운다고 유독 눈물이란 수사가 많아
또한 털 이미지가 많아, 모골(毛骨)이 송연하다는 옛말
오천년 역사의 푸른 하늘과 붉은 황토 굽이굽이
억울하고 무서워하는 사람들 위해 펑펑 울어주었다
식칼을 들이대며 식칼론을 펼쳤다
핏줄끼리, 한핏줄끼리 살아야 한다, 만나야 한다
북쪽 땅의 백석은 어찌 살았을까, 어찌 죽었을까
징, 꽹과리, 북, 장구, 소고, 벅구, 우리가락, 우리 고향
덩더더덕쿵 덩더덕쿵 덩더쿵 만나야 한다고
덩치 큰 사나이 조태일의 『국토』는 힘차고 단단했다
우리 손을 잡고, 마주잡은 손, 마주 잡을 손
고정희의 손은 따뜻했고 큰 물결이며 대동단결이었다
『이 시대의 아벨』에는 유독 맞잡은 손이 많아
상처받은 영혼을 위해 기도였다
서울의 환한 불빛은 소 팔아 학비 보낸 아버지의 눈물이라고
여자는 공장 가고 남자는 대학 가는 우리 속의 불평등에 대해
누구 하나 죽어야 누군가 사는 세상의 불합리에 대해
어두운 곳이야말로 깊디깊은 절박한 희망이라고
삭발하고 종로통을 휘돌았다는 고정희 시인
한 세기를 넘어온 거라고 살아서, 우리가 어떻게든 살아서
『빈 배처럼 텅 비어』 시인은 도대체 어디에 있었단 말인가
술집에도 없고 도서관에도 광장에도 출판사에도 라디오에서
사라졌던 최승자 시인, 한 세기를 건너느라 텅, 빈, 몸
"밥을 먹고 나도 살아야 하니까요"
"우리를 대신해서 그가 아팠다" 한 여성 시인은 말했다
밥 먹고 산다는 평범한 말, 역사를 불끈 들어 올리는 말
시인들 피로 기록된 역사가 우리에게 자유를 안겼다

세상은 변하고 또 살기 좋게 변했지만
시집을 읽는 시간 우리는 울었고 서로 아름다웠다
“역사를 잊은 민족은 미래가 없다” 말씀하신 신채호 선생님
역사로 읽는 현대시 100년 시집 읽기 동아리
겨울 아침 10시 결석이 없다
부산이 이마이 추운데 북쪽은 얼매나 추울꼬

봄이 오면 우리 광개토왕비 만나러 가자

* 김남주 시, *감을 따면서 **명줄 ***내력 ****노동과 그날그날
*시집 읽기는 한국작가회의 지원 ‘작가와 함께하는 작은 서점 지원 사업’ 의 일환으로 백년어서원에서 진행하고 있습니다.

고명자 2005년 《시와정신》 등단. 시집 『술병들의 묘지』, 『그 밖은 참, 심심한 봄날이라』 있음. 《시와정신》 편집차장. 2018 백신애 창작기금수혜.

소녀 기림 외 1편
–소녀들, 그 여자들을 위하여

권 순 자

소녀.

내 심장을 꺼내고 몸무게를 달아
내 영혼의 값을 매기던 손아
너는 지금은 어디서 값을 치르고 잇느냐

열네 살 단발머리 새까만 빛을 어디로
팔아넘겼느냐
여린 자궁과 가늘던 잔뼈와 붉은 피가 노래하던
복숭아 빛 살결을 어디로 저당 잡혀
네 육신을 살찌웠느냐

산발한 나의 머리칼 수백 수천 개
붓으로 삼아 네 악랄한 행동들을 하늘에 새기고
땅에다 적었다
핏발 선 눈으로
거짓투성이 행동들을 눈알마다 짓찧으며 새겨 놓았다

나의 소녀는 가고
낡은 몸이 다시 뼈들을 추슬러 짜맞추고

터진 핏줄 너덜너덜해진 살갗과 기억을 잇고 기워
햇살 아래 다시 섰다

쏟아지는 머리카락들
피눈물 방울들
온몸 살가죽에 쏟아지던 수천 개의 바늘들
모조리 불러 여기
소녀로 새겨 놓았다
뭉개진 꿈을 불러
단발머리 열네 살 소녀로 새겨 놓았다

붉은 보고서를 기억하라

–고 김용균 추모시

기억하라
뼈를 갈아 피로 적셔 써낸
보고서를 기억하라
헤드랜턴 없이 홀로 깜깜한 공장에서
컨베이어 벨트를 점검하는
청년의 고독한 싸움을 기억하라
어둠의 장막을 헤치고
기어이 고통의 석탄가루 검은 눈발처럼 날리는
검은 안개 자욱한 지옥을 보고한
청년의 절규를 기억하라

무디어진 심장을 두드리는
헐렁한 컨베이어 벨트를 기억하라
정지 기능을 상실한 정지 장치를
기억하라
푸른 꿈이 까맣게 타버릴 때까지
무심했던 눈과 손들이 하얗게 떨리는 겨울 아침
허공으로 번지는 미안함과 슬픔의 먼지들
검은 빛으로 자욱하다

가슴으로 스며드는 너의 애절한 소망
노동의 즐거움은 언제쯤에나
도래할지
검은 밤 같은 낮
비틀거리는 세기의 휘황찬란한 거리에서
너를 애도한다

꿈꾸는 자 꿈으로 흥하는 날 오기를
헤드랜턴에도 인색하지 않는 안전한 세상 도래하기를
헐렁한 정지 장치를 조이고
노동이 불안하지 않는 세상 오기를
너의 피를 기억하는 사람들과
너의 꿈을 기억하는 사람들이
지켜보리라
하나씩 이루어가리라

권순자 1986년 《포항문학》으로 등단. 2003년 《심상》 신인상 수상. 시집으로 『우목횟집』, 『순례자』, 『천개의 눈물』 등이 있음.

그 높은 뜻을 외 1편

김 명 철

앞서간 선배들처럼, 정말, 그럴까, 나의 손톱과 발톱들도, 그 통증들, 은 어떨까, 모두 펜치로, 펜치로 뽑힐까. 부모님들의 찢어질 가슴을, 아 그 따듯한 품, 생각하면, 차라리 그분들이, 내 가슴이 미어져, 모르면 좋으련만. 중단하고, 그럴 수 있을까, 싶다. 목숨이란 뭔가, 열여덟 살의 예수 그리스도라면 어땠을까. 유. 관. 순. 석 자를 남기려고? 내 몸도 선배들처럼 칼로, 먼저 귀가 다음엔 코가, 잘리겠지, 가슴이, 도려내어지겠지, 고통이 아니라, 그 수치를 감당할, 수 있을까. 이 밤, 눈을 좀 붙여야겠는데, 칠흑 같은 이 밤, 몇 시나 되었을까. 어젯밤 태극기를 만들 때부터 안개가 끼기 시작했어. 난 왜 안개 낀 새벽을 좋아하는 걸까. 그런 새벽을 걸으면 괜스레 가슴이 두근거렸어. 서늘하고 신선하고 깨끗한 어느 멋진 미래로 들어가는 것 같았지. 그런데 이제 나도 알몸으로, 아 그런 치욕을, 손발이 뒤로 묶인 채, 견딜 수 있을까, 물통 속에 들어가게 되겠지, 미꾸라지와 장어가, 득실거리는 그 통속에, 그래도 포기해서는 안 되겠, 아 그 치욕을, 치욕을, 견뎌. 사람이 사람을, 한 민족이 다른 민족을 그렇게 할 수 있을까. 사람의 진정한 의미가 뭘까. 저들은 왜 태어나, 나는 왜 태어나, 악은, 선은, 왜? 이제 들판엔 꽃들이 눈을 뜰 채비를 하고 있을 거야. 얼었던 아우내 내 고향 장터에는 산수유 꽃이 동백꽃이 그래 조금 더 지나면 진달래와 개나리 꽃들이 마음껏 피어날 거야. 마음껏 생명을 만끽할 거야. 그게 의미일 텐데, 저들은 왜? 왜놈들은 왜? 참고만 있어서는 안 돼. 그게 악일 거야. 자연의 섭리든 신의 섭리든 모두 생명은 축복이고 사람은 그걸 누릴 권리와 의무마저 있는 거야. 방관하고만 있다면 그 높은 뜻을 거스르는 일이야.

온몸 구석구석이 벌겋게 달아오른 인두로 지져지겠지. 면도칼로 내 머리 가죽이 벗겨질지도 몰라. 고통, 스러울 거야. 하지만 내 고통으로 지금이나 백 년 후의 사람들이 생명을 구가할 수 있다면 그까짓 것들 쯤이야. 나의 책무. 나의 의미. 내가 있는 이유. 창 밖에 여명이 스미고 있네. 일어나야겠어. 아, 교장선생님이 교문을 폐쇄할 거야. 담을 넘어가야 해. 나를 넘어서야 해. 일어나자. 가자.

백 년이 지났단다

아, 소복을 입던 사람들은 모두 어디로 갔나

딸아이의 딸아이가 부를
아들의 아들이 부를 칼의 노래를 불러드릴까요
원폭 투하 티셔츠를 입고 사해동포(四海同胞)를 노래할까요
내가 나를 묶은 노래
우리가 우리를 결박한 노래를 풀어
당신에게로 가는 노래를 불러드릴까요

위안부들은 눈을 뜬 채 세상을 떠나고 있단다
징용피해자 배상판결에 저들이 분노하고 있단다
혐한 시위가 일고 있단다

엄마의 엄마가 불렀던 노래를 불러야 하나요
토착 왜구의 DNA가 악성 바이러스처럼

떠돌고 있어요 급증하고 있어요
역사를 버린 민족에게 미래는 없다를
노래해야 하나요

자위대의 초계기가 대조영함을 위협했단다
한국의 정치가가 자위대행사를 빛내 주었단다
한국의 정치가가 왜구의 수장에게 머리를 조아렸단다

아버지의 아버지가 불렀던 노래
마음보다 몸이 먼저 일어나 부르는 노래를
아직도 불러야 하나요
서리 내리고 안개 자욱한 새벽녘
없는 창(窓)이라도 만들어 열어젖히고 싶은 몸이
백 년 동안 뒤척이던 울분을 깨워 부르는 노래를

김명철 2006년 《실천문학》으로 등단, 시집 『짧게, 카운터펀치』, 『바람의 기원』 있음.

나는 아직 외 1편

김 범 중

칠백만 동포 중 하나
밀려오고 탈출하고 도망 나온 이방인들
조국이 알 수 없는 애국의 피 끓는다
삼일정신 백년, 열매는 어디 누구에게?

두 어른 백두산 천지 내려가며 속삭여 약속한 동포애
칠천만 가슴으로 듣고 천지에 한 물결로 남긴 지난여름
칠십 년의 오해, 단군 앞에 사죄하고
우리 다시 시작합니다

독립군 아닌 통일군으로 아직 고국 땅을 밟을 수 없는
설움 많은 타국 이방군 칠백만이면
한세상 접수하기 충분하지 않겠소?
자유가 넘쳐나고 기백이 넘쳐나는데

정월 타향 집밖에는 눈보라 함성이 벌써 우렁차지만
나는 아직 태극기 하나 가슴에 품은 채
아슬아슬한 고국의 소식에 만세와 한숨으로 흐느끼며
백 번째 삼월 첫날을 위해 기도만 하고 있나이다

통일 운동

지난 봄
새싹 하나 움터
갈라진 두 잎, 백의민족

밟히고 찢기어
드러내고 싶지 않았다, 그리고
한 번의 외침으로 족했다

이제는
핵 같은 가족애
단군님 앞에 약속하고

백년 만에
새롭게 외쳐 보려 하네
아바이여 누이여
나의 동포여

조국 통일 만세

김범중 2017년 《창조문학》 등단. 뉴욕 라이온스클럽 회장 역임. 현재 뉴욕시문학회 이사장.

붉은 해변* 외 1편

김 완

1950년 9월 10일 새벽 1시의 월미도 판잣집
폭격이 시작되자 불기둥들 하늘에서 떨어진다
사람들이 허둥지둥 달아나고 붉게 물든 해변
남녀노소 가리지 않고 불을 뿜는 검은 독수리 떼
몸에 불이 붙은 사람들은 불새들이 춤추는 듯
수십 발의 네이팜탄 투하와 기관총이 난사된다
섭씨 3천 도의 불비가 쏟아져 내린 월미도의 밤

인천상륙작전의 성공을 위해 자행된 미군 폭격
무고한 월미도 민간인들 산 채로 불에 타죽는다
사흘 밤낮 계속된 폭격으로 불에 탄 시체더미
구사일생으로 살아남은 주민들은 승자의 논리로
월미도에서 영원히 추방되고 난민처럼 떠돈다
구천에서 영가(靈駕)가 되어 떠도는 외삼촌을
영혼결혼식을 시켜 곱게 보내드리려는 가족들

한국전쟁 후 70년이 지난 지금까지 매일 밤
아직 끝나지 않는 그 비명과 절규를 듣는다
어둠이여, 지긋지긋한 그 자리에서 제발 떠나다오**
정의가 강물처럼 흐를 때까지 촛불을 놓지 말자
사회 불의는 여전히 맞서 싸워야 하기 때문이다

문제는 미국이다 세상은 저절로 좋아지지 않는다

*김명희 작가의 소설 제목, 이 시는 김명희 작가의 소설을 읽고 쓴 시이다.
**조태일 시 「이슬」에서 변용함

비명

겨울이 되자 이곳저곳에서 끊임없이 부고가 들려온다 한 겨울 말이 되지 못하고 허공 중에 떠도는 비명들 목숨을 내놓고 외치는데 천지사방 아무도 듣지 않는다 관속에서 차가운 길바닥에서 현기증 나는 굴뚝 위에서 컨테이너 벨트에 끼어서 모두 비명자가 되어간다 차가운 봄 바다에 가라앉은 목숨들, 죽지 못해 사는 가족들의 비명은 어떠한가

이것은 연극이 아니다 끝나지 않은 현실의 이야기다 듣는 이 없는 자들의 비명 누군가 귀담아듣자 비명은 말이 되어 들리기 시작한다 75미터 굴뚝 위에 사람이 살고 있다 두 노동자가 단식 중인 굴뚝 앞 목련이 꽃을 피우고 고개를 내밀면 우리는 무슨 말을 해야 할까 목동 열병합 발전소 아득한 저 굴뚝에 따뜻하고 환한 불이 들어올 수 있다면, 어둠이 출렁이는 새벽 출근길 서편의 보름달 피 흘리며 울고 있다

김 완 2009년 《시와시학》으로 등단. 시집 『바닷속에는 별들이 산다』 등이 있다. 2018년 제4회 송수권시문학상 남도시인상 수상.

강물 외 1편
–남북 또는 북남

김 윤 현

이 골짝 저 골짝을 거쳐 언덕을 뛰어 내려온 물이 더 맑아집니다

좁으면 좁은 대로 넓으면 넓은 대로 더욱 투명해집니다

그래도 아직은 더 흘러가야 할 길 멀어

잠시 웅덩이에서 남몰래 자신을 들여다 봅니다

멀리 점잖은 산등성과 고운 단풍이 잘한다고 소리 없는 박수를 보냅니다

물은 넉넉한 강물이 되는 줄도 모른 채 강까지 왔습니다

작은 물줄기들이 한곳으로 모였는가 봅니다

자연이 조금씩 출렁일 수밖에 없겠습니다

속 깊은 사람들은 그 출렁임을 혼란으로 여기지는 않습니다

큰 흐름을 위한 작은 전조로 받아들이고 있는가 봅니다

굽이굽이 흐르다가 도착해야 할 바다가 있기 때문이겠습니다

누구라 하여 강물을 막을 수는 없겠습니다

개성 가는 길

개성 가는 길에 본 산천들이
어릴 적 본 고향 같았다
선죽교에서 쓰러진 포은 선생의 단심도 있었고
박연폭포 끊임없는 물줄기며
바위에 새겨놓는 황진이의 한시도 눈이 또렷했었다
북녘 사람들 입안에 살아있는 우리의 옛 언어들
분주하게 움직이는 개성 시가지에서
나는 분열된 한반도에서 통일을 이루었던
고려의 그 개경을 만나고 싶어 두리번거렸다
개경을 말없이 품어주었던 송악이 더 보고 싶었는지도 모른다
지나면서 본 개성공단은 평화의 사도인 양
거주하고 있었다
개성 오가는 길가 휴전선 팻말만이 제 얼굴이 아닌 듯
피로에 젖은 채 쉬지 못하고 있었지만
검문도 없이 이웃집 드나들 듯 다시 가고 싶은
개성 아니 개경
아니 아니 송악!

김윤현 1984년 《분단시대》로 작품 활동 시작. 시집 『발에 차이는 돌도 경전이다』 외 다수. 《사람의문학》 창간 및 편집위원. 한국작가회의 회원.

아들에게 쓰는 편지 외 1편

김 정 수

아들아, 이 늙은 애비가
봄이 오는 길목에 겨울나무로 서 있거든
봄햇살 그 서늘한 칼날로
가차없이 목을 베어다가
춥고 배고픈 저잣거리에 걸어다오
내 검붉은 피
송두리째 빠져나가는 그 순간까지
하늘 높이 내걸어다오 그리하여
친일과 쿠데타로 권력을 잡은,
순한 계절 거스르는 낡은 무리들에게
효시가 되게 하여다오
나, 눈 부릅뜨고 그들을 지켜볼지니
그래도 봄의 길목에 겨울나무 서 있거든
내 핏방울 고이 스민 흙
씨앗인 양 잔설에 뿌리에 흩뿌려다오
목 없는 내 육신에 불을 붙여
횃불로 삼아다오 나, 살 한 점 뼈 한 조각까지
활활 타올라 허공으로 사라지리니
봄꽃을 피우려는 아들아
연(緣)에서 길 찾을 생각일랑 아예 말고
인정사정없이 이 애비를
죽여다오 절망하는 나의 아들아

귀 막고 눈 감으면

좁은 골목으로 들어가는 남녀를 보았다
골목이 유일한 통로인 집은 내부수리를 하고 있었다
가늘고 좁은 소음이 골목에 가득했다 남자가 손으로 여자의
귀를 가리고 소란한 문 앞을 지나갔다 뒤를 따라가면서
연신 연인을 지켜보았다 여자는 가만히 걷기만 했다 불편을
불평으로 견디고 있었다 눈이 손으로 가린 귀에 멈춰 있었다
다른 것은 눈에 들어오지 않았다 문 앞의 먼지 자욱이
시야를 가렸다 순간 젊은 연인이 사라지고 골목이 사라지고
소리 소문 없이 소음이 사라졌다 실체는 바람이 죽기 전의
시간, 미로였다 제암리에서도 저리 귀 막고 눈 가렸을 것이다
문에 창에 못질을 해대 비명조차 가뒀을 것이다.
듣고도 못 들은 척, 보고도 못 본 척했을 것이다
그리 오래 잊혀 어둠이 됐을 것이다
막다른 골목에 다다른 그들이 동시에 뒤를 돌아보았다
잘못 들어선 길도 길이었다 눈과 눈이 마주쳤지만
서로 눈길을 피했다 매향리도 저리 외면했을 것이다
얕은 흙 속에 묻혀 겨울을 지낸 포도나무가 움 띄우기 전부터
매화향기 진동했을 터인데 언제부터인가
매캐한 연기 준동했을 것이다 꽤 오래 지속됐을 것이다
궁평항 노을 건너 매향리에만 봄이 찾아오지 않았지만
아무도 몰랐을 것이다 인식하지 못했을 것이다 우리 땅이었지만
우리 땅이 아니었을 것이다 독립된 기억이 사라진 사이
짐승의 이빨 도처에서 출몰했을 것이다
한번 망가진 풍경은 처절하고도 처참했다 돌 하나

풀 한 포기 되살리는 일은 남겨진 자들의 숙명이라지만
죽어서도 사는 건 스스로 그러한 것들의 방식
그들은 언제나 깨어있는 사람들 곁에서 살고 있었다
움직이지 않으면 소리치지 않으면 두렁바위도
매화향기도 그곳에 존재할 수 없었다 햇빛을 추적하면
통째 바다로 사라진 산에서 꽃 한 송이 피어올랐다

김정수(金正洙) 1990년 《현대시학》으로 등단. 시집으로 『서랍 속의 사막』, 『하늘로 가는 혀』 있음. 제28회 경희문학상 수상.

꽃 따라 단풍 좇아 외 1편

김 정 원

봄, 해남에서 철원까지 걸어서 올라가면
날마다 살구꽃을 볼 수 있고
가을, 철원에서 해남까지 걸어서 내려오면
날마다 단풍을 볼 수 있다

한라에서 백두까지
백두에서 한라까지
전라도 담양 사람인 내가
함경도 온성 동무와 손잡고 싸목싸목
걸어갈 수 있다면 얼마나 좋을까

따뜻한 햇볕 시원한 바람
새들이 노래하며
가지에서 가지로 가볍게
소풍 가는 발걸음으로

살구꽃과 단풍만 구경해도
향기로운 웃음꽃 피어 서너 달은 넉넉히
절로 신명이 날 텐데
하나 되는 먼 길도 코앞일 텐데

휴전선 철조망을 거침없이 넘다가
백두산 지천으로 피어나는 꽃과
휴전선 철조망을 아랑곳없이 넘어와
한라산 사방으로 물들이는 단풍을
나는 눈물이 나도록 사랑한다

저 여린 초목의 장애물 없는 왕래와 생명력이
우리 산하를 짓밟고 뒤흔드는
외국 군대 탱크와 미사일을 물리치고
교도소 벽처럼 한반도를 포위한
모든 철조망과 총을 녹여 보습으로 만들
위대한 힘이라고 믿기 때문에

우공이산(愚公移山)

옛날 중국 시골에 한 늙은 농부가 살았습니다. 그에게는 사랑하는 두 자식이 있었습니다. 그의 집은 남향인데도, 큰 산이 가로막아 일 년 내내 따뜻한 햇볕이 들어오지 않았습니다. 그래서 그는 바지게로 그 산의 흙을 담아 날마다 옮기는 일을 했습니다. 바지게로 산 전체를 옮기겠다는 무모한 생각에, 마을 사람들은 그를 어리석다고 비웃었습니다. 삼척동자가 봐도 불가능하고 터무니없는 일이었기 때문입니다. 그러나 그의 생각은 마을 사람들과 아주 달랐습니다. 그는 자기가 못하면 자식들이, 자식들이 못하면 손주들이…, 이렇게 끈질기게 꾸준히 해나가면 언젠가는 그 산이 없어지고 따사로운 햇살이 그의 집을 비추리라 믿었습니다. 이러한 그의 성실성과 믿음과 희망에 하느님도 감동했습니다. 마침내 하느님이 그 산을 옮겨주었습니다.

나는 할아버지가 심은 감나무에서 달콤한 홍시를 따먹는다. 그 은혜를 생각하며 나도 지난해 삼월에 살구나무를 심어 가꾼다. 내 자식들과 손주들과 이웃들이 그 살구나무 그늘에서 편히 쉬고 살구를 따먹으며 달콤하게 살도록.

이와 같다. 우리가 부패하고 타락한, 모순된 자본주의 사회를 고치려고 싸우는 일이. 우리가 그 싸움의 열매인 '인간다운 삶'을 오늘 즐기지 못한다 해도, 우리 자식들과 손주들과 뭇 인민들이 마음껏 표현하고 향유할 수 있도록.

내 일을 너에게, 네 일을 나에게 미루지 않고, 우리가 이름도 명예도 없이 사회 변혁을 위해 우직한 늙은 농부처럼 땀을 흘리는 까닭이다.

김정원 2006년 《애지》 등단. 시집 『줄탁』, 『거룩한 바보』, 『환대』, 『국수는 내가 살게』. 수주문학상 등 수상. 한국작가회의 회원, 한빛고 교사.

맥아더 포고령

김 해 화

조선인민에게고함

태평양방면미국육군부대총사령관으로서나는이에다음과같이포고한다

일본국정부의연합국에대한무조건항복은일본제국군대간에오랫동안속행되어온무력투쟁을끝냈다

일본천황의명령에의하여그를대표하여일본국정부와일본대본영이조인한항복문서내용에의해나의지휘하에있는승리에빛나는군대는금일북위38도이남의조선영토를점령한다

조선인민의오랫동안의노예상태와적당한시기에조선을해방독립시키라는연합국의결심을명심하고조선인민은점령목적이항복문서를이행하고자기들의인간적종교적권리를보호함에있다는것을새로이확신하여야한다

태평양방면미국육군부대총사령관인나에게부여된권한에의하여나는이에북위38도이남의조선과조선주민에대하여군사적관리를하고자다음과같은점령조건을발표한다

제1조북위38도이남의조선영토와조선인민에대한통치의전권한은당분간나의권한하에서시행한다

제2조정부의전공공및명예직원과사용인및공공복지와공공위생을포함한전공공사업기관의유급혹은무급직원및사용인과중요한사업에종사하는기타의모든사람은새로운명령이있을때까지그의정당한기능과의무를실행하고모든기록과재산을보존보호해야한다

제3조모든사람은급속히나의모든명령과나의권한하에발한명령에복종하여야한다점령부대에대한모든반항행위혹은공공안녕을문란케하는모든행위

에대하여는엄중한처벌이있을것이다

제4조제군의재산소유권리는존중하겠다제군은내가명령할때까지제군의정당한직업에종사하라

제5조군사적관리를하는동안에는모든목적을위하여서영어가공식언어이다영어원문과조선어혹은일본어원문간에해석혹은정의에관하여어떤애매한점이있거나부동한점이있을때에는영어원문이적용된다

제6조새로운포고포고규정공고지령및법령은나혹은나의권한하에서발출될것으로제군에대하여요구하는바를지정할것이다

1945년9월9일태평양방면미국육군부대총사령관더글러스맥아더

2019년
점령군 미군의 미국이 아직도 남한의 주인이다
이 사실을 깨우치고 나면
우리가 알고있던 모든 문제의 정답이 달라진다
지금까지 나의 시는 틀린 답이었다
그래서 패배했다

김해화 1984년 실천문학사의 14인 신인 작품집 『시여 무기여』를 통해 작품 활동 시작. 『인부수첩』을 비롯한 4권의 시집이 있음. '일과시' 동인, 민족작가연합 상임대표.

호남 들판을 지나며 외 1편

나 종 영

눈 내리는 저 들판의 이름을
누가 고이 지었을까?
익산 전주 임실 오수 남원
곡성 구례구 괴목 순천 여수
땀 흘려 아름다운 사람들이 사는
비산비야의 이름들이다
벼가 고개 숙이고 익어가던 눈부신 들판이다
어둠이 내리면 별이 뜨고
지평선 너머 시대의 한복판을 걸어갔던
눈빛 형형한 한 사내가 떠오른다
저 마른 들판 타오르는 불길 속으로
걸어갔던 사람, 봉준이도
껍데기는 가라 외쳤던 젊은 시인도
아편을 털어 넣고 순절한 매천도
저 눈발 내리는 들판을 밟고 갔으리
어둠 속 불빛 깜박이던 저 산하 뜨거운 이름을
목 놓아 부르고 불렀으리
손금처럼 핏줄처럼 굽이굽이 들판을 따라
사람들이 살아가는 땅
누가 이 고운 이름을 죽도록
다 살아냈을까?
대전 논산 강경 함열 김제 정읍

장성 송정 나주 함평 무안 몽탄 목포
그리고 광주
아! 그리운 호남들판의 이름들이여.

혈죽

눈 내리는 깊은 밤
매천야록을 읽는다
을사늑약에 항거해 자결한
마흔 다섯 사내의 피 묻은 옷에서
혈죽이 솟아났다는 역사를 읽는다
순절한 그보다 열두 해를 더 살아
내 나이 이순의 문턱
무상한 세월에 옷깃을 여미고
대숲에 드는 것도
시 쓰는 일도 부끄러운 나이,
내 무덤 위에 잔디도 푸를까
누구 있어 내 영혼에 위로의 시비라도 새길까
눈 덮인 강가에 스러지는 노을 한 잎,

소록소록 눈 내리는 밤
대숲 바람 소리에
뼈 마디마디가 시리다.

나종영 1981년 창작과비평사 13인 신작시집 『우리들의 그리움은』으로 작품 활동 시작. 시집 『끝끝내 너는』, 『나는 상처를 사랑했네』 등이 있음. '시와경제', '5월시' 동인으로 활동.

민노래 외 1편

문 기 훈

사회자가 말한다.
"오늘은 일제 강점기에
숨죽여 불렀던 노래들로
이 자리를 엮어 보았습니다."
연속극으로 바로 채널이 돌아간다.
한 세월 지나
한 세월 모진 세월 치열하게 또 지나
사회자가 말해 줄까?
"오늘을 미제 강점기에
동족들에게 외면당하고
끼리끼리 불리어졌던 노래들로
이 자리를 엮어 보겠습니다."
치열했으나 외면당한 노동자들이
한 세월 치열할 동안
오히려 미제를 숭배하며 살았으면서
저희를 먹여 살린 노동자를 핍박하면서
팝송에 몸 비틀며 춤추며 신났으면서
일제 강점기에 숨죽여 부른 노래 채널 돌리듯
'임을 위한 행진곡' 에서
'단결 투쟁가' 에서 채널이 돌아갈 것이다.
일제 강점기 때 저항하지 않았던

미제 강점기 때 저항하지 않았던
고공농성 피 맺힌 절규에 눈길 한 번 주지 않았던
얼어붙은 땅 오체투지로 기어서 행진해도 외면했던
세월호 단식 농성장 아버지 옆에서 피자를 씹던
노조 이야기가 나오면 연속극으로 채널 돌리던 사람들
유라시아 뽕짝 콜라보 히트송 10쇼로 채널을 돌릴 것이다.
일제 강점기로부터 갑자기 해방이 주어졌듯이
미제의 간교한 술책과 군사적 압박으로부터
통일이 저절로 온 줄 알고

사드에 대한 내 질문에 답해줄 사람 있나요?

이북에서 이남으로 쏘는 미사일은
이스라엘제 레이더로 충분하지 않나?
이북으로부터 미국의 안전을 위해 사드를 만든
친절하고 상냥한 아이히만
미국 노동자동지들이 말해주면 좋겠네.
하루의 노동이 끝난 후 편안한 저녁이 있는가?
이남의 노동자가 쓴 소주 마시고 낸 주류세가
미국 노동자동지들이 만든 무기로 돌아왔는데
미국 노동자동지들은 받은 임금으로
저녁시간 뭐하고 지내시나?
한 해 사드 유지비 1조 원
한미 양국 우의를

땅을 공짜로 내줘가며 돈 주고 사는데
이남의 노동자들이 만든 물건 중국에 팔아
우리가 돈 주고 샀지만 우리 것이 아닌 사드
그걸로 중국을 도촬(盜撮)할려고?
이남의 어르신들, 미국이 우릴 도와주는 거 맞습니까?
한반도 전쟁에서 가장 불리한 쪽은
재래식 무기로도 큰 혼란을 줄 수 있는
서울 과밀 집중 아닐까요?
파고다 공원에서 장기 두시는 어르신
대륙 간 탄도 미사일은 대륙만큼 먼 나라 이야기
1,000Km 탐색이 가능한 전파가
휴대폰 전자파보다 안전하다는 말은
꼭 6 · 3빌딩이 물에 잠긴다는 전두환 시절
금강산 댐 얘기로 들리는 건 나만의 착각?
성주 꿀벌 다 죽으면 성주 참외 꽃들 시집 장가도 못가
편의점 전자레인지로 컵라면 끓여 먹으면서도 몰라?
일본 사드는 첩첩산중 숲지나 바닷가에 있는데
순망치한(脣亡齒寒), 입술이 없으면 이가 시린데
대륙 간 전쟁 일어나면 중국과 러시아는
제일 먼저 성주를 바라볼 텐데
답 해 달라
사드가 전쟁을 억지 시키고 있나?
아니면 돈 처발라가며 무기전쟁 중인가?

문기훈 1989년 《오늘의 시》로 등단. 창원 YMCA 격월간 노동자 문예지 《풀무》 편집주간 역임. 민족작가연합 회원.

독립과 자주의 횃불 3 · 1혁명

박 금 란

나라를 빼앗기면
숟가락몽뎅이도 마당비자루도
내 것이 아니다
목숨까지 내 것이 아니어서
식민지 백성이 들고 일어난다는 것은
손금보다 더 명확한 운명 개척의
운명이다

조선의 독립국임과 자주민임을 선언하노라
보통학교 학생에서 노인까지
대학생 농민 백정 나무꾼 거렁뱅이 기생 인력거꾼
신분 귀천 없이 일어났다

산봉우리에서 생솔가지 꺾어
봉홧불 밝히고 독립만세 만세 만세
시장터에서 거리에서 학교에서
흰옷 입은 이백만 인파는
일본놈 몰아낸다고
1,542회 만세 시위
산천도 함께 목 놓아 만세를 불렀으니
삼천만이어라

일제놈의 폭력 진압 총칼로
흰옷은 붉은 피로 흥건히 젖어들어
죽어간 사람이 7,509명
피 흘리며 다친 사람이 15,961명
체포된 사람이 46,948명

십자형 나무판대기에 묶이어
태형을 90대 맞고
하반신을 못 쓰는 신음소리가
골골마다 퍼져서
초가지붕도 시퍼렇게 멍들었다
시냇물 붉은 피 철철철 흘러
붉은 강물 이루고
붉은 노을 활활 타 검정 숯이 되었다

무기를 들지 않은 평화시위는
붉은 피 뿌리다 비분강개하여
돌멩이로 주재소 부수고
식민지 교육 학교 유리창을 모조리 박살내고
일본놈 집 문짝 뜯어내고 부수고 하다가
빈대 같은 일본놈 잡는다고 불 지르며
민은 피의 항전을 했다

3 · 1혁명은
인도에서 4월 5일 간디의 '진리수호운동'이 되고
중국 5 · 4혁명에 영향을 미쳤으며 필리핀 이집트
세계 자주화 물결의 봉화를 지폈지만

간악한 일제를 몰아내지 못하고
알량한 지식인들은 혁명을 배신하고
변절자로 돌아섰지만
역사의 주인인 민은
혁명을 포기하지 않았다

의분의 만세는
총대 위에 독립이 있고 평화가 있다
무장의 교훈을 새겨 넣어
만주의 항일무장투쟁부대 진지를 구축했다
미국이 히로시마에 핵폭탄을 터트리기 전에
이미 만주 100만 관동군은
독 안에 든 쥐가 되어 결국 패잔병이 되었다

혁명은
민이 피 흘리며 쟁취하는 것이고
대를 이어서 완성하는 것이다

박금란 1998년 전태일문학상 수상. 2013년 정선아리랑문학상 수상.

세계 속에 빛나는 그날의 함성

-3 · 1대혁명 100주년에 부쳐

박 완 섭

2019년 기미년
올해가 3 · 1대혁명 백주년

백 년 전 이 땅 방방곡곡에 울려퍼진
대한 독립 만세!
대한 독립 만세!
대한 독립 만세!

남녀 노소 귀천을 가리지 않고
하나 되어
이 나라 산천을 흔들어 깨운 그날의 함성

일제의 간담을 서늘케 하고
전 세계 민족의 자주 정신을 일깨운
3 · 1 독립 만세

아에
독립선언서를 발표하고
독립의 정당성을 천명한
세계사에 유례가 없는 비폭력 저항 운동

한날 한시에 하나 되는
민족의 저력을 보여준 우리의 함성
사라지지 않고 지금도 귀가에 쟁쟁한
대한 독립 만세!
민주주의 만세!
평화 통일 만세로 이어지는
우리 민족의 영원한 노래

3 · 1독립 만세
전국 방방곡곡에 울려퍼진
1919년 3.1일

그 정신 잊지 않고 지켜온
100년의 역사

백년의 백년
누대의 역사를 새로 쓸
우리들의 영원한 외침

우리가 지켜온 그 날의 함성
조국 해방을 이루고
이 땅의 민주주의 꽃을 피웠나니

통일의 함성으로
다시 한번 울려 퍼질
1919년 3월 1일 그날의 함성

대한 독립 만세!
대한 독립 만세!
대한 독립 만세!를
외치는 2019년 3 · 1 대혁명

흔들리는 우리를 바로 잡아준
그날의 함성 영원히 살아 있는
우리의 3 · 1정신

이 땅의 민주주의
세계 민주주의 꽃을 활짝 피운
세계 속 대한민국의 정신
빛나는 그날의 그 정신

박완섭 1998년 《문학21》 등단. 시집 『핸들을 잡으면 세상이 보인다』, 『나는 나를 알지 못한다』 등 있음. 한국작가회의 회원.

비무장지대 고라니가 하는 말

서 덕 석

사람들은 참 이상도 하지
그냥 두어도 도망가지 않을 땅을
네 땅 내 땅으로 나누어 금을 긋고
넘어오지 말라며 철조망까지 둘러치고
그것만으로 모자라 지뢰라는 쇠붙이를 묻어 놓아
애먼 한 우리 친구들이 죽고 다치게 만들었지

저렇게 눈에 쌍심지를 켜고
밤낮 총을 겨누고서 지키는 게
대체 뭔지
어떻게 생긴 것들인지 궁금하기만 하네
남쪽 북쪽 군인들이 총 들고 지키는 것이
무성하게 자란 나무들이라면 좀 좋아
하지만 철조망 근처엔 풀하나 자라지 못하도록
빡빡 맨땅으로 만들어 놓은 걸 보면
그것도 아니거든

봄날 소담스럽게 싹을 내미는
칡넝쿨, 도라지, 취나물, 엉겅퀴들은
총까지 들고 지켜주지 않아도 잘 자라잖아
한 줌의 햇볕과 적당한 빗물만 있으면

나물과 새싹들은 쑥 쑥 자라나
철조망 따위는 금방 뒤덮고 말지

사람들이 목숨을 걸고 지키려는 건
아마도 무시무시한 괴물일거야
듣기로는 괴물 이름이 '체제' 와 '이념' 이라는데
물에 비친 제 모습에 홀딱 빠지거나
남의 그림자하고 싸우려드는 바보들처럼
자기네 '체제' 가 옳다든가
남의 '이념' 은 틀려먹었다고
악다구니 쓰는 인간들이란
정말 미련하다 그렇지?

'체제' 와 '이념' 이 정말 좋은 것이라면
우리네 고돌이 고순이들이 맛있는 새싹을 보면
친구들을 불러 사이좋게 뜯어 먹고
그러다가 가끔은 사랑하는 짝도 찾듯이
그렇게 나누어 가져야 진짜 좋은 것이여
빼앗길까, 상처 날까 봐 노심초사하며
지켜 주어야만 하는 허약한 '체제' 와 '이념' 이라면
빨리 사라져 주는 것이 훨씬 낫지

그저께는 듣던 중 반가운 소식도 있더니만
철조망 둘러치고 등 돌리고 산 지 70년 만에
양쪽 대장들이 판문점서 만나게 된다면서
만나면 제일 먼저 이곳 철조망들과
지뢰부터 걷어내 주면 정말 고맙겠어
겹겹이 쳐진 철조망과 망할 놈의 지뢰 때문에

서로 만날 수 없어 애태우는 우리네 고돌이, 고순이들도
남북으로 마음껏 오가며 뛰놀게시리

허깨비 같은 '체제'와 '이념' 따위는 아무래도 좋아
배를 채울 새싹들이 무럭무럭 자라고
어디로든 막히지 않고 오갈 수만 있다면
그곳이 바로 낙원이지 뭐야,
나는 백두산으로 한달음에 뛰어가고
너는 한라산까지 헤엄쳐 건너 갈 수 있는
그런 날이 곧 오긴 오겠지?

어, 저기 봐!
정은이랑 재인이가 손잡고 걸어 오네

서덕석 1992년 시집 『때로는 눈먼 이가 보는 이를 위로했다』로 등단.

혜성가(彗星歌) 셋째 외 1편

서 범 석

예전 백제 나라 26대 성왕(聖王)의 셋째 아드님 임성태자(琳聖太子)는 일천삼백칠십년 전, 비 내리는 포구를 떠나 비를 싣고 일가권속을랑 거느려 긴 수염 휘날리며 동해를 건넜다네. 일본 땅 야마구찌에 비 맞고 누워 고향 어귀에 꽃처럼 내리던 비 맞고 누워 예절을 물으면 예절로 뽑아 주고 기술을 물으면 반도체를 일러주며 오늘도 「태자의 비는 내리도다!」고 불을 든 해변이 있도다. 일본인 일본인들 태자 뵙기를 영광으로 듣고, 달도 부지런히 등불을 켜는데 태자의 비 언제나 내려 뿌리 자라 거목이 되매 어찌 산의 주인 아니리요. 서른째의 뿌리 그 중 굵어 「떠나시면 이 나라를 어찌 할꼬!」 사뢴 천황[後柏原天皇]이 있구나! 아으, 비는 내려 저 아래로 떠 갔더라. 그 이듬해 난 뿌리 더욱 굵었으나 땅 속에 숨은 바위의 반란으로 잘리고, 곁뿌리만 남아 야마구찌[山口氏]로 남았다네. 비는 지금 울고 있다. 갈 곳이 없어 산 속에서 운다. 하얀 이빨 길게 풀어놓고 비는 울고 있다. 미쳐 버린 비들이 아파트에 몰려와 운다. 흩어진 갈비뼈의 메아리에 운다. 흐르는 피의 등골 쓰다듬어 운다. 비의 진혼제 위에 비가 운다. 『친일문학작품집』 상 위에 놓고.

혜성가(彗星歌) 넷째

이상하다 이상하다 그럴 수가 있단 말가. 물처럼 이어오던 도예고기(陶藝高技), 임란(壬亂) 후에 돈절하니 그 연고가 어인 일꼬. 예전 남원땅 춘

향이 살던 곳에 그 단심(丹心)을 캐어 내어 백자 굽던 심당길(沈堂吉) 할아버지 홍두군(紅頭軍)에 붙잡혀서 동해를 건넜다네. 삼만 팔천 잘린 귀 함께 타고, 마른 장작 백토 유약을랑 싣고서 떠나갈 제 천하(天下) 도공(陶工) 망건 쓰고 남김없이 끌려갔오! 궂은 비 거친 풍랑 흩어져 당도하니 일본 땅 도평(島平)이라. 그곳의 일본 가이 어찌나 사납던지 간장을 끊어주고 갈비뼈를 빼어 주고 피 흘리며 이를 물고 열 배고 스무 배고 때리거든 맞아 주자. 우리 팔자 기박하니 그 길밖에 뜻이 없네! 고국 땅 가져간 흙 백자 구워 연명하다 그 흙마저 떨어지니 이 사정을 어이할꼬. 농노(農奴)로 전락하여 모진 목숨 이어갈 제 죽기를 작정하고 번주(藩主)에 호소하니 번주 의홍(義弘) 일갈하되 "백토 다했으면 찾아내라!" 그 호령이 삼엄하네. 낯설고 물선 땅에 피까지 차가운 곳 피눈물 뿌려 가며 백토 찾기 십육 년, 단군성왕 홍익(弘益) 은총 그 아니 넓을쏘냐. 까마귀 울던 시절 떨어져 간 일본 열도(列島) 기실은 한반도라 백토맥(白土脈)도 함께 갔지. 황무지 일본땅에 눈부신 백자 빛깔 일본 사람 정신났네. 그 후로 사백 년을 잡혼을 금지하고 숙향전을 읽으면서 해마다 가배이면 "오놀이라 오놀이라" 신무가(神舞歌) 부르면서 단군님께 큰절하며 십사 대가 흘렀구나. 신묘하다 신묘하다 그럴 수가 있단 말가. 기구한 운명일시 번성하여 무엇하며 신기(神技) 핏줄 끊어지면 그 또한 어이하랴 외아들로 대를 이어 십사 대 사백 년을 별 흘러내렸구나. 아으, 본시동근(本時同根) 불망고산(不忘故山).

*본시동근 불망고산(本時同根 不忘故山) : 임란 때 붙잡혀 간 도공(陶工) 심당길(沈堂吉)의 14대 손 심수관(沈壽官)씨가 김성한(金聲翰)씨에게 써 준 글.

서범석 1987년 《시와의식》, 1995년 《시와시학》 등단. 시집 『하느님의 카메라』 등이 있음.

청동거울의 봄 숲에서

석 연 경

허공에 별 모양 얼굴이 떠다닌다
동녘 하늘이 풍경 소리로 열리고
백두산 꼭대기에 첫 사람의 우렁찬 목소리
적막 안 별은 조국의 속살 곳곳에서 빛나고
언어의 은빛 청동거울이 한반도를 비춘다

천둥 품은 붉은 혀들의 새벽
쿵쿵 죽음을 몰아내던 말떼들이
백 년 전 뾰족한 송곳니 어슬렁거리던 짐승들을
야만의 바깥까지 휘몰아낸다
비문 위에 화살나무 즐비하고
날개 부신 백의의 구름은 겨울 벼랑을 불태운다

거리마다 새벽 범종의 고른 맥박소리
대한 독립 자유 통일
부서지는 감옥 얼음 깨는 만세 소리
거리마다 운판이 울리고 목어가 헤엄치고
하나로 만나야할
전생의 모국어 자유의 소리

오체투지 겨레의 둥근 북이

붉은 꽃으로 허공을 메우는
봄 거리 어디쯤
태극 태극 태극 사무치게 봄바람 불고
갈라진 허리에서 푸른 새살이 돋아난다

청홍의 빛나는 구슬이 대륙을 향해 구르는 동안
따듯한 모국어로 봄바다가 일렁인다
흐뭇한 봄비는 뒤 따르고

석연경 2013년 《시와문화》에 시, 2015년 《시와세계》로 평론 등단. 송수권 시문학상 젊은시인상, 연경인문문화예술연구소장, 시집 『독수리의 날들』, 『섬광, 쇄빙선』이 있음.

그날이나 오늘이나 외 1편

안 학 수

잘 먹고 잘 입으면 그만이라고
썩은 밥통에 파리 꾀듯
돈 냄새 좇아 뒤끓는 벌레들

독립만세 따윈 코뚜레 될 뿐이라고
자주정신을 저버리고 꾀여들어
서로 물어뜯으며 자리다툼하는 들개들

자신들은
정당한 먹이활동 중이라고

유관순을 뿌옇게 지워둔다.
윤동주를 짓눌러 덮어둔다.
한용운을 멀찍이 밀어둔다.

그날 그때나 오늘이나….

백년 뜰에

그때 그 무너진 터에서
하얗게 일어나 부르짖다가
길섶으로 뽑혀 던져지고
짓밟히고 뭉개졌던 풀꽃들

탄압에도 멈추지 않던 의분이
아직껏 생생하게 보인다.
칼날에도 꺼지지 않던 외침이
지금껏 싱그럽게 들린다.

뜯겨지고 뽑혀지며 시달려왔던
상처에 씨를 묻으며 살아남았던
일제잔재의 뿌리와 얼크러진 채
그 뜰에서 견디며 기다려온 백년

아직은
아픔이 다 가시지 않았기에
독립을 다 이루지 못했기에

그 만세를 멈출 수 없노라고
아직은.

안학수 대전일보 신춘문예 동시 당선. 동시집『박하사탕 한 봉지』,『낙지네 개흙 잔치』,『아주 특별한 손님』, 장편소설『하늘까지 75센티미터』 펴냄. 권정생창작기금 수혜.

악몽 외 1편

윤 선 길

유관순 열사는 온몸 찢어 외쳤는데 3급
친일파 아무개씨는 전쟁 중의 일본을 독립투사에게서 지키다가 졌는데도 2급

우리 나라를 지켰을 뿐이라고 강변하는 그들
그렇습니다, 당신은 우리나라를 지켰습니다 그 알량한 자본주의를 위해
다만 우리 민족은 지키지 않았습니다 앞장서서 우리 민족을 찢은 당신을 무슨 이유로 애국투사라 부르며 장수를 누리다 국립묘지에 가는 것을 보장한 것입니까
수많은 투사들은 유골도 못 찾고 타국을 떠돌다 고국에 반장도 못 되는데
당신은 유유자적하며 우리 민족을 쏘다가 훈장을 독차지합니다

그것이 3 · 1운동 100년을 맞는 우리의 주소입니다
애국열사를 제대로 대접하지 못하는 우리가
과연 모든 국민에게 사랑받을 나라를 만들 수 있을까요

우리는 아직도 속고 있습니다
눈치나 보는 첩자들은 국립묘지에서 온갖 헌사를 받고
애국투사는 잡초가 무성히 돋은 무연고 묘에 있죠
우리는 잠들어 이런 꿈을 꾸고 있습니다
지금이라도 정신 차리지 않으면 영원히 악몽에 시달려야 합니다

온 세상을 뒤덮는 만세 소리

오늘이 1919년인 줄 알았다
여기저기 일장기와 욱일기가 나부끼고
방송에는 반성 없는 일본인들이
온 국민의 염장을 지르고

조국의 경찰에 의해
잡혀가는 온 국민의 화신

소녀상은 자국민들에게 희롱당하고
일본인들에겐 멸시당하며
매몰찬 바람 불 때마다 눈물 흘린다

80여 년 전 그때와 같이
죽어버린 국주(國主)를 위해 눈물 흘리듯
빼앗긴 주인의 자리를 되찾기 위해
만세 부르던 광주는 희롱당한 여학생의
탄식으로 뒤덮인다
항거하다 감옥에 끌려갔던 선열들의 정신으로 살다가
피바다가 된 지 30년

발포한 친일파의 후예가
우리가 여전히 북괴와 내통한 자들이라며
사죄를 요구한다 너희들은 양심을 팔지 않았느냐고

정녕 우리가 무엇을 팔았더냐
오히려 너희들이 우리들을 빙자해 나라를 빼앗지 않았느냐
그 방법으로 또 나라를 바치려느냐
그 순간 때문에 일어나 만세 부른다

속은 자들을 위해
모두가 다 듣도록 외치고 있다

윤선길 2011년 《창작21》로 등단.

소녀야, 그곳에 가자꾸나 외 1편

이 동 우

아직 피지 못한 꽃망울 위로
눈발이 날린다
부축 받으며 걸음을 옮기는 노인
그림자의 깨진 조각들이 꿈틀거린다

오래전, 끌려갔던 소녀는 이제
백발 성성한 할머니가 되어
일본 대사관 앞에 섰다
거친 단발머리가 흩날리고

불임의 계절을 수없이 보낸 당신
자식새끼 있어봐야 짐이라지만 평생에
그 꼬물거리는 어린 것 한 번쯤
안아보고 싶었을 당신
해방이 되었지만 들린 뒤꿈치처럼
어디에도 정착할 수 없었던 당신
뒤뜰 가득 채우던 언니오빠의 웃음소리가
내내 그리웠을 당신

나는 소녀에게 그곳에 가자고 했다
가슴 속 나비를 따라 남쪽 하늘로 날자고 했다

군데군데 둥근 돌 박힌 토담을 돌면
봄꽃들이 환하게 반겨줄 곳으로,
미루나무 밑으로 옹기종기 놓인
곰살가운 장항아리들을 곁으로,
한창 크는 자식들 먹이려 어머니가
부엌에서 짓는, 그 밥 짓는 냄새 맡으러,
먼저 알아본 누렁이가 반갑게 뛰어나오는
아버지 품처럼 넉넉한 그 고향집으로

늙은 년이 뭐이 겁나, 막상 마이크를 잡자
카랑카랑한 목소리로 저퀴들을 꾸짖는 할머니
순간, 맞은편 소녀상의 안광이 빛난다
살아남은 이들의 뜨거운 숨이 눈발을 녹인다

강제징용 노동자상 앞에서

할아버지 가슴속엔
심해로 이어지는 굴이 있죠

그곳에선 눈 질끈 감아도
꿈속 끝까지 파고 내려가도
고향은 보이지 않았다고 했죠

내리는 눈도 검다는 하시마섬 탄광

굶주림과 매질에도 이 악물었다는 할아버지

무너지는 갱도 안에서 검은 눈물을 삼켰다며

“사이렌 소리에 부서지는 밤이었어”
“좁은 굴에서 벌레처럼 기어 다녔지”

해방이 되었지만 여전히
고향이 보이지 않는다고
앙상한 갈비뼈 사이로 아직도
파도가 들이친다고

가쁜 숨으로
가르랑거리는 목소리로

검은 벽화가 되어 가는 할아버지

*하시마섬 탄광 : 지하 1km가 넘는 해저 탄광. 일제강점기 때 강제 동원된 조선인들은 위험한 갱도 안에서 채탄 작업에 시달렸다.

이동우 2015년 전태일 문학상, 2017년 《시산맥》 신인상 등단.

이맘때가 되면

이 순 주

목련나무는 봄밤을 풀어서 목련을 꽃 피운다 이 맘 때가 되면 목련 꽃봉오리들은 왜 벌어지나

목련나무 곁을 지나가다 말고 발걸음을 멈춰 선다 목련 꽃을 물끄러미 바라보는 것은 내 안의 내밀한 것들이 은밀하게 목련의 깊은 뜻에 당도한다는 것이 된다

공중에 적어놓은 목련의 문장이 단단하다 목련이 내게하는 전언이 무엇인지 눈치채지 못한 어젯밤 달은 입술을 앙, 다물었다 달빛이 희미했다 달이 보름달이 되곤하는 동안 백 년이 지나도록 궤도 이탈하지 않는 것은 저 목련 때문인지도 모른다

목련 꽃은 뛰어내린 달빛이었을까

쓰다 만 봄볕 놔두고 목련 어디로 가나 꼭 이 맘 때가 되면 세상을 향하여 치맛자락 스치며 목젖 환히 보이도록 외치다 지는 것은 목련이 으레 하는 몸짓인 것처럼

흰 옷 입은 그날의 재현인 것을

미처 깨닫지 못한 나를 위로라도 하는 듯이 팽팽하게 당겨진 3월, 빈 하늘엔 흰 구름만 유유히 흘러가고 있다

이순주 2001년 《미네르바》 시 등단, 2004년 조선일보 신춘문예 동시 당선. 시집 『목련미용실』, 동시집 『비의 방석』 있음.

다시 사랑하라, 참혹한 사랑을

–김수영의 사진을 보며

장 수 철

사랑의 연대기를 다시 적는다
바람의 등고선을 따라 철새들이 날아가던 날
흑백의 공고한 화법으로 웃는 그들 앞에서
나는 흐느끼지 않고 우는 법을 배웠다

잡으려다 놓친 것들이 정박해 있는 번화한 거리를 지나
인형뽑기 기계 속 허공을 재며 돌아오는 집게손처럼
떨리는 손을 함께 잡아주던 그 고통의 연대는 끝났다

불안한 체위로 길가에 적재되어 있는 거대한 인형의 옆얼굴들

불가해한 점괘가 나오던 혁명 전야의 별자리처럼
길들은 난삽하게 갈라지고
좁고 어두운 길목 끝 외등 불빛에 맺힌 저 말단비대의 슬픔은 무엇일까

폐유정에서 솟구치는 불길처럼 아직 꺼지지 않은 뜨거운 입김은
구체관절인형처럼 얼굴 없는 세월의 뼈마디에 새겨진
바람의 무늬였을까

참혹했던 사랑의 연대기를 다시 적는다

무궁동의 흔들림에 맞추어 율동하던 그림자와
모래언덕 위 바람의 기원을 찾아가는 순례의 발자국들
그리고 대답 없는 시절의 벌판에서 고요히 바람에 일어서는
붉은 눈송이들에 대하여

장수철 2009년 월간 《우리시》 등단.

동주, 그리고 동인 외 1편

장 우 원

어둠을 이고 다녔지요
히라가나와 가다까나만 융성하던 때
창씨개명
참회하며 별을 헤아렸지요

조선 독립의 야망을 실현시키려 하는*
동주가 아니어도
슬픈 족속의 자화상을 보고**
무서운 시간을 견뎌낸 동주
눈을 감고 가면서도
씨앗을 뿌리라던
이름자 묻힌 언덕 위
자랑처럼 풀이 무성할 것을
예감한 동주

그래서 그를 기리는 상은
자랑스럽지요
그런 동주가 있어서
시 쓰는 맛이 나지요

2·8 독립선언을 준비하고

3·1운동 관련하여 집행유예를 받고
여기까지만 살았더면 오죽 좋았을
동인

어둠을 생각한 적도 없지요
물려받은 유산
호화찬란, 유희 도박 탕진하고
히라가나의 개가 필요한 때
중국 전선에 일본군 위문을 다녀와
자랑스러웠다는 동인
동주가 참회하던 때
히가시 후미히토가 되어
광복 당일에도
조선총독부에 찾아가
충실한 개로 남도록 부탁한 동인

그래서 그를 기리는 상은
침을 뱉고 싶지요
그런 동인 때문에
동주가 더욱 생각나지요

*윤동주의 판결문 중 일부
**윤동주 시의 제목 인용, '슬픈 족속', '자화상', '무서운 시간', '눈 감고 간다', '별 헤는 밤'

장우원 2015년 《시와문화》로 등단. 시집 『나는 왜 천연기념물이 아닌가』, 『바람 불다 지친 봄날』 있음.

꽃의 영혼은 어디에 있는가*

정 동 수

끝없는 질문 속에 서성거려야 했던 시대
해답 없는 질문 속에서 울부짖어야 했던
침몰하는 시대, 글쟁이가 전사가 되어야 했던
강렬한 언어로 찌르고 찢어야만 했던
핏빛서정을 노래해야 했던 시대

지금은 어떤가
지금도 죽창을 깎아야 하는가
새벽을 맞으러 어둠속에 서성거려야 하는가
기도는 무엇이어야 하는가
꽃의 영혼은 어디에 있는가에 대한
고민은 끝이 났는가

그를 끌고 갔던 것은 신념이 아니라
사랑이었다
민중과 민족에 대한 조국과 국토에 대한
끝없는 사랑이었다
그 사랑에 미쳐 그는 그를 버렸다
그를 버리고 선택한 사랑
0.75평의 압제 속에서도 포기할 수 없었던
긴 침묵 속에 갇혀
창창한 날들을 버려서라도 지키려 했던

사랑, 거룩한 사랑 피보다 짙은 사랑
우리는 어떠한가

우리는 어떠한가
우리는 어떠해야 하는가
암실 속에서 자라는 곰팡이를 느낄 수는 있는가
누룩처럼 문실문실 자라나게 할 수는 있는가
동천에서 뜨는 해를 바라보며
사뿐히 기지개 켜게 할 수는 있는가
서천으로 지는 달에 느긋하게 하품하게 할 수는 있는가
꽃이 꽃으로 보이게 할 수는 있는가
꽃 속에 꽃의 생령을 느끼게 할 수는 있는가
꽃이다 꽃이다 외치게 할 수는 있는가

끝나지 않은 암울한 시대
어딘가에 음모와 책동이 기웃거리며
어깃장을 놓는 어둠의 뿌리가 뻗어가고 있는 시대
그러나 봄을 잉태한 겨울의 진통이
끝나가고 있는 시대
이제,
외치자 꽃이다 꽃이다
사랑이다
그대로 인한 꽃이다
사랑이다

*김남주 시 「잿더미」 중에서　**김남주 시 중 일부 인용했음

정동수 2016년 《시와문화》 신인상 등단. 시집 『새를 만났다』 있음.

백두산 길잡이 외 1편

정 민 나

백두산이 계속해서 가이드를 데리고 나온다 노란 플래카드를 들고 행렬을 지어 마중 나온 민들레 가이드 국토의 온몸을 시원하게 맛사지해 주는 초록비 가이드

민송과 적송의 경계를 알려 주는 자작나무 가이드가 사라지자 우박이 내리고 용권풍이 불어서 이상한 기류가 형성되기도 하는

산꼭대기 가이드는 지금 햇빛 속에서 사진을 찍는다

백두산이 계속해서 가이드를 달리게 한다 주르르 산꼭대기를 미끄러져 내려오는 양떼 가이드 힘차게 황무지를 쟁기질하는 황소 가이드 고려인이 주인인 토종닭 붉은 가이드

빛고을 가이드는 조선의 땅벌들을 불러 모으고 자연 미인 처녀 가이드는 아직 깨어나지 않은 깊은 골짜기를 불러 모은다

몰래 잡는 노루는 신고해야 한다는 산지기 가이드가 지나가자 기찻길 하나를 몰고 오는 날씬한 가이드 산맥을 가로질러 가지를 뻗어가는 사과꽃 가이드…

백두산이 계속해서 반도의 넓은 밭고랑을 폈다 접었다 한다

푸드득 날아오르는 산꿩의 발자국을 따라가며 씨를 뿌린다

이순신 대교를 건너다

우리 강강술래 놀이로 이 다리를 높이 들어 올려볼까?

광양과 여수를 연결하는 현수교(懸垂橋)… 수중터널로 육지가 들어가고 산 정상에 깊은 바다가 올라가서 묘도(猫島)와 하늘을 연결하는

미래엔 발밑에서 머리 꼭대기까지 섬들이 소통하는 그런 놀이 한 번 해볼까?

섬도 뭉치면 솟구치는구나! 탑이 되는구나! 고개를 끄떡이면서 심해의 상어들 다리 주위를 유유히 유영하는 깊은 바다 길을 함께 거닐어 보지 않을래?

뭍과 섬이 어깨를 맞대고 파도치는 물결을 끌어안으면 한산도 앞바다 온갖 물고기들 가슴 한가운데로 펄떡이는

꿈의 공장 한 번 지어 보지 않을래? 전망대는 이 모든 것이 한 눈에 들어오게! 360도 회전하는 모양으로 횃불처럼 환하게 원을 그리면

쳐들어오던 외계의 백상아리들, 슬그머니 돌아서다 함께 손을 잡는 최신식 강강술래 놀이 해보지 않을래

정민나 1998년 《현대시학》으로 등단. 시집 『꿈꾸는 애벌레』, 『E입국장, 12번 출구』, 『협상의 즐거움』, 시론집 『정지용 시의 리듬 양상』 있음.

오죽(烏竹)이 오죽하면 외 1편

정 선 희

찰칵, 백 년 동안의

침묵이 카메라에 담겼다

논개 사당을 지키고 있던 오죽,

무심히 강물이 흘렀다

사람들이 다녀갔다

아무도 찾지 않았다

새들이 세상의 말들을 물어다

빈 속을 채웠다

속이 까맣게 타들어 갔다

백 년 동안의 말이

칸칸이

쌓이는 사이,

오늘이 당도했다

검은 침묵이

하얗게 폈다

산홍냉면

의암 바위에서 만난 그녀, 냉면집에서 또 만났다, 면 위에 고기 위에 배 위에 무 위에 달걀노른자, 탑 위에 앉은 그녀, 무너지면 어쩌나, 조심스럽게 젓가락을 갖다 댄다, 노른자 먹고 무 먹고 배 먹고 고기 먹고 면 먹고, 차례차례 먹는다, 아무도 그리 하라 하지 않았지만, 마구 휘저을 수가 없다, 냉면집 사장은 그녀를 팔아 돈을 버는 사람, 오래전 남자들에게 왜놈들에게 능욕당한 그녀, 지금도 씹히고 있다, 땀 뻘뻘 흘리며 씹히고 있다, 남을 씹는 건 너무 쉬운 일, 지조를 팔아서 돈을 버는 사장님, 그녀를 먹고 정신적 허기를 달래는 사람들, 기생 명부에서 아직도 못 내려온 그녀, 톡 쏘는 겨자 맛으로 눈을 깨우고 있다, 서걱서걱 씹히는 얼음 맛으로 정신을 깨우고 있다

정선희 2012년 《문학과의식》, 2013년 강원일보 신춘문예 당선 등단. 시집 『푸른 빛이 걸어왔다』 있음.

나비의 뜨개질

정 우 림

한 올 한 올 숨소리를 감고 있습니다

검은 실이 은실로 은실이 붉은 실로
만삭의 보름달이 떠오릅니다

날실과 올실로 눈물이 둥글게 포옹하는 밤마다
수놓은 그림자를 숨겨 놓고
목 놓아 울어봅니다

세상의 소음은 사라지고, 단 한 번의 웃음으로
공중의 뼈와 뼈 사이를 뚫고 깜짝 놀래키며
사뿐히 날아오르며

밤하늘에 달아 놓으신 할머니의 심장
태극달

죽어서야 고향의 옷깃에 안기셨네요, 백발의 김복동 할머니는

열네 살 소녀, 나비가 되어

정우림 2014년 《열린시학》 등단. 2017년 열린시학상 수상.

유관순 누나

정 종 연

누나
저는 누나를 뵐 면목이 없어 미칠 것만 같아요

2019년은 3 · 1독립운동 100주년 기념 해인데
나라를 위하여 바칠 목숨이 하나밖에 없음을 슬퍼하며
누나가 그토록 찾고자 했던 이 땅에
아직도 일제의 망령이 곳곳에 뱀처럼 꿈틀거리고
저 붉은 해 바라보며
혓바닥 날름거리고 핥아 주는 무리가 활보하고 있으니,

어쩌면 저들이
누나를 또 한 번 버리지나 않을까

나의 힘 미약해도
누나를 지키는데 이 한 목숨
누나 걱정과 함께 나의 행동으로 바치리라

꺼져라, 사쿠라 이파리들

친일 반민족행위자 안익태가 만든 곡을 애국가로 받들고

악질 친일 반민족행위자 김창룡은 대전 현충원에
독립운동가 대한민국 임시정부 주석 김구 선생은 효창공원에 버려두는
친일 반민족행위자 김동진, 친일파 이흥렬, 김성태가 지은 군가를 부르는
친일 반민족행위자 서정주, 김동인의 문학상을 제정하고 그들의 행위를 기리는

참 이상하고 있을 수도 없는 나라
서울 한복판에서 버젓이 자위대 창설 기념행사까지 열리고
국회의원이 뻔뻔하게 참석하는

허허 여그가 아직도 너희 나라인가
아니다, 대한민국 내 나라다

가라, 왜구 졸개들
할 말 하는데 일본 심기 건드린다고 거품 물고 비난하는
꺼져라, 사쿠라 이파리들
니네 나무로

한 번 핀 벚꽃이 좀처럼 지지 않는 것은
청산하지 못한 역사 때문이라고
우라질 그렇지 않다

단죄하지 못한 친일 반역자 때문에
독도가 지네 땅이라고 우기는
일제강점의 역사가 여전히 지워지지 않고
다시 고개 내밀고 있다

우린 아직 광복한 적이 없다
전범국이 아닌데 강제로 두 쪽 나뉘어
우리끼리 총부리를 겨누어야 했다
섬나라 전체가 항공모함으로 무장되어 가는데
우린 하나로 가는 길이 여전히 멀기만 하고
청산하지 않은 이파리들에게 가로막혀서

정종연 2009년 《한국평화문학》 등단. 시집 『지갑 속의 달』, 『내 가슴 꺼내 빨간 사과 하나 깎으며』 등과 동시집 『이발하는 나무들』 있음.

우물

조 미 희

이것은 최초의 지하건축
위에서부터 아래로 쌓아 올렸던 민심,
우물에선 쌓인 물맛이 나지만
우물은 몰살의 상징
어느 밤의 모략가가 풀어놓은
음모가 숨죽여 스며든 곳,
한 마을의 기일(忌日)이
같은 날 고여 있기도 한
풍덩 소리가 나는 석축
눅눅함의 한계 시간이 되면
파란 털들이 돋아
다시 살아나는 돌들,

폐정(廢井)은 카타콤
오래된 물살은 뼈들을 걸고 연대한다
진실과 진실 사이를 서성인다

우물의 키는 점점 마모되는
파릇한 봉분 같다
파묻히거나
발견되는

학살에는 후손이 없다
단체로 물려받은 요란한 기념식과
붉은 날짜의 무덤들

조미희 2015년 《시인수첩》 등단.

독립문

조 영 욱

독립은 반드시 이뤄야 할
꿈
그저 얻는 게 아니지
싸워서 쟁취하는 것
독립 없는 독립문은
한없이 열없어라
우리 땅
청일, 러일 전쟁터로 내주고
일제에게 점령당한 채
정작 우린 총 들고
싸우지 못했지
만주 연해주 아니면
감옥에서 싸웠어
서대문형무소 죽음뿐인 저항을
서먹서먹한 독립문은
잘 알고 있지
형상기억합금으로 쌓지 않았지만
밤낮 피 범벅 살지지는 냄새
구호 아우성 신음소릴
똑똑히 기억해
잊자고?

용서하자고?
싸우지 않고 얻은 독립은
또 다른 종속
우리가 죄 많이 지은 베트남을 봐
독립도 통일도 어떻게 하는지
얼마나 당당한지
되새겨 봐
독립문은
독립했을 때 기념으로
세우는 문이야

조영욱 1999년 《문학21》로 등단. 시집 『내 시는 시가 아니어도 좋다』 있음.

용서받을 조건

최 기 종

나는 고백한다. 국왕을 겁박하여 나라를 팔아먹은 국무대신이었음을
나는 고백한다. 항일 독립군을 공격하고 사살한 간도특설대 장교였음을
나는 고백한다. 독립 운동가들을 억압하고 체포하고 고문한 순사였음을
나는 고백한다. 조선인의 이해에 반하여 기소하고 판결한 판검사였음을
나는 고백한다. 청년 학생들을 전쟁터로 내몬 지식인이었음을
나는 고백한다. 소작인들을 갈취하고 착취한 악덕 지주였음을
나는 고백한다. 일제의 손발이 되어서 부역한 신민 관리였음을
나는 고백한다. 일제에 아부하고 작위를 받은 매판 사업가였음을
나는 고백한다. 신민사관을 주창하고 역사를 왜곡한 사학자였음을
나는 고백한다. 종조부, 할아버지, 아버지가 친일 반민족 행위자였음을
나는 고백한다. 일신의 안위와 영달만 꾀한 용서받지 못할 죄인이었음을

최기종 1992년 교육문예창작회지 『대통령의 얼굴이 또 바뀌면』으로 작품 활동 시작. 시집 『나무 위의 여자』, 『만다라화』, 『학교에는 고래가 산다』, 『슬픔아 놀자』 등 있음. 목포작가회의 자유실천위원장.

차마 내릴 수 없는 사랑과 혁명의 깃발과 노래로 흐르라

–우공이산과 롱마취를 위하여

최 자 웅

1919 기미년 삼일운동은 갑오년 1894년 갑오년 동학농민혁명 이래 거대한 민족과 민중의 활화산과 노도였다. 그러나 갑오년 곰나루의 비참한 패배처럼, 기미년 삼일만세도 삼천리 방방곡곡에서 민중이 만세를 불렀건만 지도부 33인의 치열하지 못한 이념과 전략의 부재로 인하여, 비폭력 무저항주의와 윌슨의 민족자결주의의 허울 좋은 공념불로 인하여 거대한 좌절로 이어졌다. 이 좌절의 늪에서 다시 민족독립과 혁명운동은 불사조처럼 일어나 윌슨이 아닌 레닌의 피압박민족의 해방의 깃발이 휘날리고 지구촌의 국경 없는 혁명의 불꽃이 세차게 피어올랐다.

하여, "파리는 북경을 돌아…!"라는 세계혁명의 동방우회전략 속에서, 조선을 비롯한 반제 피압박민족들의 혁명전선과 운동이 가열차게 전개되었다. 삼일운동에 영향을 크게 입은 중국의 오사운동은, 이러한 거대한 흐름 속에서, 불과 13인이 1921년 중국공산당을 결성하고, 그들의 피어린 패배와 좌절과 추수폭동의 실패와 정강산으로의 도주와 파르티잔 소비에트 운동과 전설적인 대장정의 고난과 전쟁 끝에, 마침내 1949년 아시아에서 최초의 중국대륙의 혁명이 성공하기에 이른다. 무엇이 태평천국 이래의 반식민지봉건과 관료독점자본주의의 3대좌산의 거대한 모순구조를 깨뜨리고 혁명을 성공시킨 핵심적인 힘과 원인과 비의였을까. 그것은 우공이산의 신념과 인민과 대중에의 깊은 신뢰와 혁명의 철학의 심오한 내공과 숭고한 실천과 무한한 희생에 기인한 것이었을 것이다. 아, 그리고 철학과

시의 결합이 있었고 황원의 외로운 싸움과 연안 동굴 속의 겸허한 삶과 평등과 사랑의 공동체가 그 힘이었을 것이었다. 어찌 중국만이었겠는가? 조선과 만주와 시베리아와 베트남 아시아 라틴 아메리카 아프리카에서, 마오와 호치민과 조선의 이동휘와 홍범도와 아리랑의 김산과 연안과 숱한 혁명가들이 그들의 삶과 청춘을 바치며 새로운 피압박 민족과 민중의 새날을 위하여 무덤 없는 주검과 싸움과 희생으로 민족과 인류의 진보의 새날을 이룩했다. 중국 대륙에 마오 쩌뚱이, 월남에 호치민이 쿠바에 체 게바라가 있었다면 우리에게도 영원한 베트남 민중의 엉클 호에 못지않은 인간주의적 사회주의자와 불굴의 혁명가들이 조선에 있었느니라. 권력도 영광도 이름도 빛도 무덤도 없이 싸우고 장엄히 살다 스러져간 무명의 혁명가들과 무덤에 해와 달과 별빛이여. 찬란히 비추어라. 그 성스러운 삶과 무덤가에 노오란 해바라기 피어나고 차마 내릴 수 없는 사랑과 혁명의 깃발 강풍에 휘날리고 깊은 강물 같은 노래여, 멀리 아득히 흐르라.

최자웅 1983년 시집 『그대여, 이 슬프고 어두운 예토에서』로 등단. 시집 『겨울늑대-어네스토 체 게바라의 추상』 있음.

푸른 꽃(Comfort Woman)

고 현 혜(타냐 고)

사람들이 나를 위안부라고 부른다.
내게도 이름이 있었다.

1943년 중국 상해

어느 날 밤
순사는 우리들을 모아놓고 물었다.
"누가 백 명을 상대할 수 있지?"*
나는 손을 들었는데
순자는 들지 않았다.

그날 밤 그들은 끓는 물에
순자를…
그리고
우리를 먹였다.

산다는 것은 무엇인가?
지금 순자는 내 안에 살고 있나?

1946년 다시 진주로

해방이 된 지
1년 후
나는 집으로 왔다.

짧은 머리
한복이 아닌 이상한 옷
더듬거리는 말투

어머니는 조용히 뒷방으로
나를 감추셨다.
어둠이 내리자,
어머니는 나를 우물가에 데려가서 씻기셨다.

뜨거운 강철로 지져져
오래된 나무의 뿌리처럼,
다 타버린 나무의 껍질처럼 변해버린
나의 몸이 초승달빛 아래 비쳐진다.

늘 웃으시며
오, 아가, 너의 살결이 백옥 같구나, 눈부셔.
라고 하시며 씻기시던 어머니
어머니는 미역국을 끓여 하얀 쌀밥 위에
내가 좋아하는 하얀 생선살을 올려놓으셨다.
어머니, 살은 먹을 수가 없어요.

그날 밤, 어머니는 광에서
목을 매다셨다.
내 방에 작은 혼수 보따리와

주먹밥을 남기시고
아버지는 그것을 내게 던지시며
문 쪽으로 손을 휘 내저으셨다.
그 새벽에 나는 떠났다.

그 이후

30년
40년

영원히
침묵
침묵
침묵

내 무덤까지 가져가리

*위안부 증언

고현혜(타냐 고) 1991년 《한국시》 등단. 영한 시집 『Generation One Point Five: 일점오세』, 영어 시집 *Yellow Flowers on Rainy Day*, 한국어 시집 『나는 나의 어머니가 되어』 등이 있음. 제1회 윤동주 미주문학상 우수상 받음.

백년의 촛불

3·1 백주년 100인 시집

찍은날 2019년 2월 20일
펴낸날 2019년 3월 1일
엮은이 3·1 백주년 시집 편집위원회
펴낸이 박몽구
펴낸곳 도서출판 시와문화
주 소 (13955) 경기 안양시 동안구 경수대로883번길 33,
103동 204호(비산동 꿈에그린아파트)
전 화 (031)452-4992
E-mail poetpak@naver.com
등록번호 제2007-000005호 (2007년 2월 13일)

ISBN 978-89-94833-46-0(03810)

정 가 15,000원